私の先生

出会いから問いが生まれる

大澤真幸

青土社

私の先生

出会いから
問いが生まれる

目次

まえがき……7

I

見田宗介

先生と私……14
翼をもち、そして根をもつこと……37

II

中井久夫
リゾームではなくオリヅルラン
——社会学者はなぜ中井久夫を読んできたのか……62

磯崎 新
理不尽な生成の場……80

中村 哲
積極的中立の提案……88

吉本隆明
「関係の絶対性」に殉じた思想……96

中上健次
いかにして〈路地〉を普遍化するのか……104

親鸞
法然、親鸞、そして聖霊へ……132

織田信長
理性の狡智——本能寺の変における……146

III

ドストエフスキー
ドストエフスキーの二つにして一つのテーマ――神と金……160

ベネディクト・アンダーソン
文化の換喩的翻訳者……168

ハンナ・アーレント
日本人はあの「革命」の敗者に共感している――明治維新再考……176

マックス・ヴェーバー
社会学史上最も美しい理論……194

ジャン=ジャック・ルソー
一般意志は全体意志にあらず……202

ヴァルター・ベンヤミン
〈今の時〉に充たされた時間――「歴史の概念について」をめぐって……216

ミヒャエル・エンデ
さがせ、さらば見出すであろう……240

あとがき……249

私の先生

出会いから
問いが生まれる

まえがき

本書は、私の〈先生たち〉の思考と実践によって触発されて書いた一六本の論考を収めている。この中の何本かは、その先生が亡くなられて間もない頃に、追悼の意味を込めて書いたものである。本書で、〈先生〉という語は、非常に広い範囲の人たちを指し示している。そのことは、論じられている人物たちの全体を見ていただければ、すぐにわかるだろう。本書で主題になっている人たちの中で、ことばの最も通常の意味での先生、つまり長期にわたって直接その人から指導を受けてきたという意味での私の先生は、本書の第Ⅰ部に収録した二つの文章で論じた見田宗介（真木悠介）先生だけである。

何人かに関しては、生前、何度かお会いし、教示を受けたり、強い刺激をいただいたりしている。磯崎新さんとは、磯崎さんの親友・盟友の鈴木忠志さんの劇団ＳＣＯＴの公演の機会などを通じて頻繁にお会いした。磯崎さんが団長をつとめたグループで中国を旅行したこともある。磯崎さんの包容力や自由な発想は、私にとって憧れであり、手本であった。吉本隆明さんとは、若い頃、小さな研究会を通じてごくわずかお会いしただけだが、そのときいただいた励ましのことばは、ずっと私の支えであった。中村哲さんともお会いできた回数は少ないが、そのうちの一回は、私が主宰する雑誌『THINKING「O」』（左右社）の創刊号での対談である。この対談こそ、私にとって強い「希望」の源泉であって、何か日本や世界の将来に関して絶望的な気分になったとき、私はいつもあのときの対談に立ち返る。これらの方々に関しては、普通の意味で、そして語を緩やかに解釈するならば、「先生」と呼んでもよいのかもしれない。

しかし、本書で論じたほかの人たちとは直接の面識はない。あえて言えば、私がずっと私淑（ししゅく）していた、ということにはなるのかもしれない。が、「私淑」という語も、ここでは十分に適切とは言えないだろう。親鸞やドストエフスキーやジャン＝ジャック・ルソーやベンヤミン……は、私が生まれる前に活動していた「歴史上の人物」であり、こうした人に対して、「私淑」という語はあまり使わない。

それでも私は、ここで論じたすべての人たちを、〈私の先生〉と呼びたい。どのような意味で、なのか。それをここで説明しておきたい。

最初に述べておけば、本書に収録した論考は、『私の先生』というタイトルのもとに包括しようと、もとから計画して、書かれてきたものではない。すべての章は、独立の機会に、独立の意図をもって書かれた文章である。初出の媒体は、『現代思想』が多いが、『群像』『思想』なども含め、さまざまである。追悼の文章など、その人の思想の――私の目から見た――本質をそのまま論じている章もあるが、別に主題があり、その人の思索から示唆されたことがらが、探究の指針を与えているという章もある（たとえば、「革命」としての明治維新を論じる上で、ハンナ・アーレントの議論がヒントになっている章など）。

しかし、それでも、ここに収録した文章をまとめ、そして振り返ってみるならば、それらの中で論じられている人たちはすべて、まさしく〈私の先生〉であった。そう思わざるをえない。なぜか？

ここで私は、〈先生〉という語を、通常とは異なる意味で使っている。〈先生〉と「先生」とは異なっている。対照的だと言ってもよい。普通、「先生」とは、「(私より) 知っている者」のことである。私たちは「先生」から「答え」を得ようとする。「先生」は、私が知るべきことをすでに知っているはずの人である。

しかし、〈先生〉は違う。念のために述べておけば、本書で論じたすべての人が、私よりも広い知識、私が到達できていなかった深い見識をもっていることは、事実である。しかし、それだから、これらの人々が私にとって〈先生〉だ、と言っているわけではないのだ。まったく逆である。〈先生〉は「答え」をもっている人ではない。私にとって〈先生〉とは、逆に〈問い〉を誘発する人である。〈先生〉と話していると、あるいは〈先生〉が書いたものを読むと、次々と疑問が出てくる。〈先生〉と出会うと、すでに（私が）知っていた（と思っていた）ことも、問うべきことへと転換する。どうしてそうなるのか。言うまでもなく、〈先生〉もまた問うている、問い続けているからである。〈先生〉は「すでに知っている人」ではなく、「問う人」「疑う人」である。

気をつけなくてはならないことがある。〈先生〉は、ときに確定的な結論であるかのように語ったり、書いたりするときもある。しかし、そのようなときでさえも、よく聞けば、よく読めば、その断定の中に、〈問い〉が孕(はら)まれている。断定に先立って〈問い〉があり、その〈問い〉は断定の後も消えずに残っている。〈問い〉が、結論的な断定を通じて、むしろ深まっているときさえある。

だから、私にとってよい本、おもしろい本は、疑問の余地なく説得され、納得してしまうようなことが書いてある本ではない。逆に、次々と本質的な疑問が湧き出てくる本こそ、私にはおもしろい。そのような本の著者は、〈私の先生〉である。

〈先生〉との出会いを通じてはじめて、本質的な〈問い〉が現れる。〈先生〉は知っていることの充足性を、問うことの開放性へと転換する。私にとってそのような意味をもった〈先生たち〉についての論集が、本書である。

I

見田宗介

先生と私

1

真木悠介の筆名でも知られている私の先生、見田宗介先生が、今年（二〇二二年）の四月一日に、敗血症で逝去された。八四歳だった。先生は日頃から、一一〇歳か一二〇歳くらいまで生きるつもりだと話されており、私にはまったく心の準備がなかった。驚きと哀しみは大きく、容易にこの喪失感は消えそうもない。

今振り返ると、ふしぎな符合もあった。先生が亡くなられてから、そのことが私たち教え子に伝えられるまでには、一週間余りの時間があった。先生の身内だけで密葬を済ませてから連絡があったからだ。この時間、つまり先生の死没からそれを知るまでの時間に、私は、いつになくしきりに先生のことを考え、人に話していた。たとえば、先生の死を知る四日前、私は、春休みで関西から東京にやってきたある高校の生徒たちを相手に、講義を行ったのだが、そのとき、私は、ずいぶんたくさん見田先生のことを話した。この高校生たちが勉強家で先生の著書をいくつも読んでいたし、先生が、人間の精神的な成長において一〇代の終わり頃を特に重視していたからだ。だが、もしあのとき、先生が亡くなっていたことを知っていたら、あの講義もできなかったのではないかと思うと、ふしぎな気分にもなる。

私が見田先生に出会ったのも、まさに一〇代の終わり頃、厳密に言えば、大学入学直後の一八歳の春だった。私は、大学に入る直前——入試が終わったすぐ後だったが——、先生の当時の新刊を読んでいた。これから学ぶことになる大学の教授が書いたものだったからである。その本は、真木悠介の名で書かれた『現代社会の存立構造』だ。これは、マルクスの『資本論』を、イデオロギー的な含みを抜き取り純粋に社会理論として読んだときに、何を導き出すことができるかを論じた本である。私は、この本の圧倒的な明晰さと想像力の拡がりに驚嘆し、大学に入ったら真木悠介＝見田宗介先生の講義を絶対にとろうと決めていた。

が、先生の「比較社会学演習」の授業はものすごい人気で、開講日に教室に行くと、二〇人程度の定員のところに、その二〇倍くらいの受講希望者が集まっており、教室は「立錐の余地もない」どころか、廊下にまで人が溢れていた。先生は、短い——記憶では八〇〇字程度の——作文の提出を受講希望者に要求した。私は運よく選ばれ、その授業への出席が許可された。

私の心が先生に出会ったと感じたのは、この「比較社会学演習」の、その年の実質的には最初の講義においてであった。一九七七年の——大学のキャンパスにはつつじの花がたくさん咲いていたので——四月の終わりか五月の初め頃のことである。この授業は、学生たちの発表を中心にしたセミナーなのだが、学生の発表に先立って、先生は、ご自身の問題意識を明らかにするために最初の数回を講義にあてるとして、語り出した。

「内聖論と外聖論」という聴き慣れない語（もちろん先生の造語）で構成されたタイトルをもつこの講義に、私はたちまち魅了された。ノートをとりながら、文字通り胸が高鳴るほどの興奮を覚えた。何に私はそんなに感動したのか。生きることと学問することが一つになりうることの確かな実感。感動のポイントを一言でまとめれば、そうなるだろう。授業の後、精神が、授業前よりも一段高い自由を得て、歓びのあまり小躍りしている。そんな気分だった。毎回の講義の後は、ノートを何度も読み返し、一緒に受講していた友人と繰り返し議論した。そして、何より、翌週のさらなる展開が楽しみで仕方がなかった。[1]

*

私にとって見田先生との出会いは二段ロケットのようになっていて、この二ヶ月くらい後に、もう一つの出来事があった。「内聖論と外聖論」の連続講義が進行中の時期だったが、先生の転機を宣言するような著書、真木悠介名の『気流の鳴る音――交響するコミューン』が出た。もちろんすぐに読んだ。この本にもいたく感動した。と同時に、今度は、読みながら、先生にお聞きしたいことが次々と出てくる。あまりにたくさんあって、授業の中の短い質疑応答の時間だけではとうてい足りそうもない。そこで同じ思いを共有していた友人のSくんと一緒に先生にお願いした。『気流の鳴る音』についていろいろとうかがいたいので、お時間をとっていただけないでしょうか、と。

先生は、快く引き受けてくださり、ある土曜日のお昼過ぎの時間帯を指定された。先生と会う前日には、Sくんと、私の部屋で夜遅くまで準備したのをよく覚えている。お聞きしたいことを一つずつカードに記していった。すべてを逃すことなくうかがいたい、と。

お会いしたのは、新宿の紀伊國屋書店のすぐ近くの喫茶店。先生は、定刻にかなり遅れてくる傾向があったが、あの日に関して言えば、先生を長く待った記憶はない。たぶん、約束された時間の通りに来られたのだと思う。覚えているのは、その後の長い対話。土曜日の午後ほとんどすべてを使った長い対話だ。これが、二段ロケットの二段目の出会いである。今振り返ってみると、たくさん質問したかったというより、正確には、逆に、私（たち）はたくさん答えたかった、のだと思う。先生の本を読んでいると、問われている、質問されている気持ちになる。私は、それらに答えたくなる。先生にその答えを聞いてもらいたかったのだと思う。

あの日から四五年。立場はいろいろ変化したが、先生との関係は途切れることなく持続し、私にとって先生はずっと先生だった。たまに、私の探究はずっと、あのときの喫茶店での対話の延長線上にあるのではないか、と思うことがある。実際、私のやってきたことのいくつかは、先生の問いへの応答である。そのことを私自身、はっきり意識しているときもあれば、「あとで気がついてみればそうだった」というかたちの無意識の応答であるときもある。

意識的な応答の典型は、自由論だ。〈自由〉は、私の重要なテーマの一つで、『群像』で二年間、この主題についての論考を連載したこともある。[2] 私が〈自由〉ということについて真剣に考えなくてはならないと思ったのは、見田先生からはっきりと問いかけられたからである。九〇年代の半ば、見田先生が中心になって岩波書店から『岩波講座 現代社会学』なるシリーズを出したことがある。(3) その中の一巻『社会構想の社会学』の執筆者を決める編集会議で、「〈自由〉な社会の条件と課題」というタイトルで論文を書いてみないか、と先生に言われたのだ。先生が話されるには、村上泰亮先生が生きておられたら村上先生に書いてもらいたいテーマだ。しかし、村上先生が早く亡くなられたので大澤が書くのが適当である、と。私は、(ポスト)構造主義の影響もあって、「自由」というものは幻想や誤認の産物に過ぎず、現代においてはもはやアクチュアルなテーマではないと思っていたのだが、見田先生の企画意図を聞いているうちに、自分の考えの浅さに気づき、〈自由〉についてあらためて原点から問わなくてはならない、と思うようになった。

繰り返せば、私の探究の多くは、見田先生に対する意識的・無意識的な応答である。だが、付け加えておけば、今事例として出した「自由論」を含め、私が見田先生の期待通りのことを論じてきたとは思わない。見田先生が、「こういう方向」として事前に想定されていたことと、私が実際に論じ、書いたものとはかなり異なっている。そういう意味では、私は先生の期待に応えられてはいない。そのことを私ははっきり自覚しているし、先生もよくわかっておられた。先生から批判されたり、反論されたりしたこともある。だからと言って落ち込むわけではなく、むしろ楽しく愉快な気分になるのがふしぎなところだが——先生自身も反論することをおもしろがってくださっていたように思う——、ともあれ私が考え、書いてきたことは、先生が予期し、期待していたこととは、ときに根本から異なっている。

しかし、なお、はっきりとこう言わねばならない。見田宗介先生=真木悠介がいなかったら、社会学者としての私はなかった、と。だが、どうして私には先生が必要だったのだろうか。いや、そもそも、探究者は、どうして先生を必要とするのか。どうして、先生がいた方がよいのか。そんなことは当たり前ではないか、と思われるかもしれない。優れた先達である学者に、それまでの研究の蓄積や成果を教えてもらった方が、独学よりも有利に決まっているではないか、と。しかし、先生がいるということの意味は、知識や情報の伝授ということには還元できない何かがある。

2

このことを考える上で、見田宗介先生の——いや真木悠介先生の著書自体が手がかりを与えてくれる。その著書とはほかならぬ、『気流の鳴る音』である。この本は、いくつかの文章からなる論集の形態をとっているが、その中心にあるのは表題作でもある「気流の鳴る音」という論考で、これがこの著書の八割以上の長さである。「気流」は、しかし、ふしぎな文章で、何とも分類しがたい。真木先生の学問の全体構想との関係では、〈コミューン論を問題意識とし、文化人類学・民俗学を素材とする、比較社会学〉〈近代のあとの時代を構想し、切り開くための比較社会学〉というその後の仕事のモチーフとコンセプトを示す序説のような意義をもった文章だが、研究の計画のようなことが書かれているわけではない。

メキシコ北部のインディアン・ヤキ族のある老人の生きる世界を、人類学者カスタネダが紹介した本がある。カスタネダは、ドン・ファンという名のその老人に一〇年間ほど弟子入りして、生き方を学ぶ。その教えの中核にあるのは「心のある道を歩む」という態度と思想である。「気流」は、カスタネダの著書を素材にして、ドン・ファンの教えを真木先生がきわめて明晰に読み解いたものである。

二つのことにまずは留意を求めたい。真木先生が参照しているカスタネダの四冊の本を読んだら、誰もが「気流」に書いてあるようなことを読み取ることができるかと言えば、とんでもないことだ。おそらく、「気流」に書いてあることは、カスタネダ自身が論じていることよりも深くかつ明快である。それどころか、ドン・ファンが意識していたことよりも深く、そしてより合理的な明晰性もあり、そのことによってより普遍的な説得力を帯びている。(4) 真木先生は、一九七三年から七六年にかけて、インドやメキシコ、ラテンアメリカ等を旅して歩いた。一言で言えば、それは「近代の外への旅」ということになるわけだが、先生は、この旅を、全身の血が入れかわったような決定的な体験だったと振り返っている。この旅を通じて得たものを表現するための触媒のようなものとしてカスタネダの本を利用しているので、「気流」に書かれていることは、ほんとうは全面的に真木悠介の思想である。(5)

ならば、どうして、カスタネダの本を読むというスタイルが必要だったのか。この点が、留意を求めたいもう一つのポイントであり、ここで「気流」に注目する理由でもある。著者である真木先生は、自分をカスタネダに同一化させている。つまり、カスタネダの立場に視点を設定して書かれているのだ。ということは、カスタネダを通じて、真木先生自身が、先生に、つまりドン・ファンに師事しているのだ。なぜ先生が必要なのかを考えるにあたって、これほど有効な素材はない。

＊

ドン・ファンは何を教えているのか。その全体像を簡潔に見るためには、世界という概念が二つに分けられていることをまずは理解しておく必要がある。「世界」と〈世界〉。「世界」は、ヤキ族の言葉では〈トナール〉、〈世界〉は、ヤキ族の言葉では〈ナワール〉に対応する。人間は、それぞれ皆、間主体的（言語的・社会的）な「世界」を生きている。このような意味での「世界」の存立の機制を〈トナール〉という。〈ナワール〉≒〈世界〉は、〈トナール〉≒「世界」という島を取り囲む海のようなものである。つまり、それは、他者や自然や宇宙と直接に通底し、まじり合う人間の本源性である。

われわれは皆、特定の「世界」の中に囚われている。たとえば、われわれは「近代」という「世界」の中に生きている。ドン・ファンの教えは、まずは、いかにして「世界」から解放されうるか、にある。〈ナワール〉の軸――〈ナワール〉への内在と〈ナワール〉からの超越の軸――を活用して、「世界」を超越し、「世界」から解放されること。しかし、これだけでは、人は生きられない。「世界」からの解放がそのまま地獄にもなりうる。だから、やはり〈ナワール〉の軸を活用して、いかにして「世界」を選び、「世界」に内在するかが、ドン・ファンの重要な教えとなる。

そうだとすると、ここで示されていることは、知の究極の主題だというべきではないか。もし知＝学問が人間の生と一つになりうるとしたら、そのような知は、何を実現すべきか。何の実現を目指すべきか。それは、第一に、われわれを無意識のうちに拘束している「世界」を相対化し、「世界」からわれわれを解放することであり、第二に、「世界」をあらためて構想し、「世界」をつくる自由を保証することであろう。真木先生が、「気流」の、「結」に先立つ部分、つまり本文の実質的な最後に引用しているのは、ドン・ファンの「人間は学ぶように運命づけられておるのさ。」という言葉である。つまり、人間は生きることにおいて、学ぶ（探究する）、と。

真木先生は、「〈世界〉への内在（融即化）—〈世界〉からの超越（主体化）」の軸と「「世界」への内在（此岸化）—「世界」からの超越（彼岸化）」の軸とを掛け合わせて、ドン・ファンの教えを四つの領域に整理し、提示している。それぞれに次のような魅惑的な名前が付いている。

Ⅰ　カラスの予言
Ⅱ　「世界を止める」
Ⅲ　「統禦された愚」
Ⅳ　「心のある道」

四つのうちⅠは、解放前の端緒の状態を記述しており、Ⅳは、最終的な境地の記述である。したがって、教えの本態は、主としてⅡとⅢにある。Ⅱは、「世界」からの解放、「世界」の否定にかかわる局面であり、Ⅲは、「世界」をつくること、いわば否定の否定にかかわる局面だ。この二つの局面を分析すると、どうして「先生」が、「知者としての先生」が必要なのかが、明らかになる。

3

われわれは「世界」のうちにあるとき、事物を、何ものかとしてその自明の範疇において見ている――つもりでいるが、それは見ている see というより、ただながめている look だけである。真に見ることができるためには――真木先生が紹介しているドン・ファンによれば――、逆説的だが、見ることの否定を覚えなくてはならない――つまり普通の意味ではむしろ見ないということを覚えなくてはならない。

順を追って説明しよう。「世界」からの解放を、ドン・ファンは「世界を止める」と表現する。それは、西洋哲学の用語で言い換えれば、「現象学的判断中止（エポケー）」の（あらんかぎり最大の）一般化である。現象学的判断中止は、意識、つまり内的言語の働きが判断することをとりあえず「カッコに入れる」こと、いわば言語の働きのスイッチを切ることである。「世界」は、主として言語を通じて共同主観的に存立しているのだから、「世界」からの解放の第一歩として、言語の働きのスイッチを切ることは理にかなっている。

言語性の水準における〈スイッチを切ること〉だけでは足りない。知覚がすでに、言語とセットになるようなかたちで、事物を同定してしまっているからだ。とりわけ、知覚の中で最も支配的な力を発揮する視覚の慣性から自らを解放する必要がある。つまり〈目の独裁からの解放〉が不可欠だ。〈目の独裁からの解放〉のために、ドン・ファンは、カスタネダに奇妙なレッスンを課す。それは焦点を**あわせない**で見ることである。われわれは特に意識しなくても焦点をあわせて見るのだが、そうすると、あらかじめ手持ちの枠組みにあるものだけが見える。つまり「自分の知っていること」だけが見える。〈焦点をあわせない見方〉とは、予期せぬものへの自由な構えであり、世界の中で図として浮上していた「世界」の背景になっている〈地〉の部分に関心を配ることである。真に見るためには、普通の意味ではむしろ見ないことを――焦点をあわせずに見ることを――覚えなくてはならない、というのはこのことである。

「気流」で真木先生が明快に整理しているところに従えば、「世界を止める」ために〈スイッチを切る〉レッスンは、さらに、人間の生の全体へと拡張されていく。感覚器官（身体のインプット機能）に関してスイッチを切っただけでは不足である。運動器官（アウトプット機能）においても、つまり行動の分野においても、〈スイッチを切ること〉ができなくてはならない。視覚における〈焦点をあわせない見方〉の、行動における対応物として、ドン・ファンは、〈しないこと〉をできるようにしなくてはならない、とする。さらには、生き方（人生・生活）の全体の〈スイッチを切ること〉として、〈履歴をすてる〉ということが提起される。

〈しないこと〉をするとはどういうことなのか、〈履歴をすてる〉とはどういうことなのか。興味深い内実をいくつも含んでいるのだが、ここでは〈スイッチを切ること〉を、知覚の分野に限定して考察を先に進めよう（なぜなら見ることにおける〈スイッチを切ること〉がすべての分野のそれを代表しているから）。ここで当然、出てくる疑問がある。何か特定の事物、特定の事象に関して、焦点をあわせずに見ることは可能だろう。しかし、「世界」の全般に対して、焦点をあわせずに見る、ということはできるものなのか。できるのだ。できる、ということが、「気流」を読むとわかかる。鍵は、視覚のスイッチを切って見るということは他者として、、、〈見る〉ことにある、という点を理解することにある。私としての私は、私という自我にとって慣れ親しんでいる対象に焦点をあわせて見てしまう。焦点をあわせずに見ることは、視覚自体を他者化することだ。

論考のタイトルになっている「気流の鳴る音」は、このことに関連している。あるときカスタネダは、ドン・ファンが、エリヒオという若いヤキ族のインディオを、幻覚性植物のペヨーテを使って宗教体験へと導く現場に立ち会った。エリヒオはドン・ファンの指導のもとでペヨーテを嚙む。やがて、エリヒオは、猛烈なスピードで空を飛んでいるかのような姿になった。うつぶせのかっこうで足をうしろにのばし、床から一〇センチほどそり上げ、頭も限界までうしろにそり、腕は目をかくすように組んでいた。そのとき「私〔カスタネダ〕は彼〔エリヒオ〕のまわりでひゅうひゅうと気流の鳴る音を感じた。私は息をのみ、思わず大声で叫んでしまった」。このときカスタネダは、「エリヒオの体験しつつあることを他者として〈見る〉ことができ」たのだ。

人間のこうした能力を前提にした上で、先生となる〈知者〉がいるならば、われわれは、「世界」の全般に対する知覚や行動や態度に関して、まさに〈スイッチを切る〉ことが可能になるだろう。〈知者〉とは何か。〈知者〉とは、全面的にスイッチを切りうる者であり、その意味で、すでに〈真に見た〉者のことである。それゆえ、信頼できる〈知者〉が先生としているならば、その先生への同一化によって実現する他者化を通じて、つまり〈知者であるところの他者〉として見ることを通じて、われわれは、〈スイッチを切る〉ことができるだろう。言い換えれば、トータルに〈スイッチを切る〉ためには、自分が〈知者〉として認めうる先生を必要とする。

ここまでが、「世界を止める」に対応する部分である。単に理論としてならば、ここまではそれほど難しくない。[6]「気流」の中で最も難解なのは、次の「統禦された愚」の局面である。「世界を止める」ということは、普通の「明晰」（焦点をあわせて見ること）の罠から解放され、真の〈明晰〉へと至ることだ。ただ元の「世界」に回帰するということではないとしたら、それは何なのか。

＊

能なのか。次に必要なのは、あらためて「世界」をつくることである。それはいかにして可能なのか。「世界」を構成する項目を選ぶこと、そして「世界」をつくることは、〈意志を意志する〉ことで可能になる。真木先生の紹介によれば、ドン・ファンはそのように語っている。が、それはどういうことなのか。

まず〈意志〉とは何なのか。ドン・ファンの〈意志〉の意味を、真木先生は、漢字の「私」という語の由来に言及しながら、実にわかりやすく巧みに解説している。中国文字の「私」は、元来、「禾（のぎへん）」のない「ム」のみで、それは△三角形、すなわち囲いこむことを意味していた。これに「禾」という穀物を表す記号がついたのは、農業生産物の私有こそが最初の本格的な私有だったからであろう（新石器革命）。要するに「私」とは、囲いこみである。〈意志〉は、このような「私」への耽溺――「私」の囲いの中への撤退――に対する否定によって定義される。真木先生の書くことをそのまま引こう。

「私」とはまず現実的には囲いこみであり、壁をめぐらすことである。それが成功すればするほど、それは世界の他の部分を排除することによって、ぎゃくにみずからを幽閉する城壁ともなる。近代的自我の古典的な表象であるライプニッツのモナドが「窓をもたない」ように、「私」への自足する耽溺（indulgence）として近代的自我をとらえることができる。ドン・ファンによれば〈意志〉とは、このように自足する自己に噴出口（opening）を開かせるものだ。それはモナドに窓をうがつのだ。

〈意志〉がこのようなものであるとすると、しかし、ますますわからなくなる。〈意志〉は、「私」を構成する壁を否定する力である。ということは、これは、「世界」を否定する作用であって、「世界を止める」の主題に属する事項ではないだろうか。どうして、逆方向の主題で、〈意志〉が中核的な要因として関与するのか。

もう一つドン・ファンが述べている奇妙なことを、真木先生に従って、紹介しておこう。ドン・ファンは、あるときカスタネダとともに狩りに出ようとする。この狩りの目的は、動物ではなく、実は〈力〉を狩ることにあった。〈力〉は、「世界」をつくるのに必要な力である。が、いざ出発という段になって、カスタネダには〈力〉を狩る用意ができていないということに、ドン・ファンは気づく。楯がない、と。楯という比喩によって意味されていることは、〈自分の世界を作る項目を選び出す〉ということなのだが、注目すべきことは、その楯について、ドン・ファンが「自分の盟友から身を守るために」使う、と言っていることだ。敵から身を守るため、ならばわかる。自分がそれから身を守らなくてはならない相手が盟友であるのはどうしてなのか。盟友と敵が同じものなのは、どうしてなのか。

結論を言おう。「世界」を否定する力と「世界」を構築する力は、あるいは〈トナール〉から〈ナワール〉へと至る力と〈ナワール〉から〈トナール〉へと至る力は、同じものなのである。同じ〈意志〉が、「世界」や（「私」の）「囲い」の否定と構築（否定の否定）の両方で作用しているのだ。だから、巧みに統禦しないと、盟友自体が敵ともなりうる（「世界」を構築させるべく凝集力として活用されていた力が暴れ出して、破壊的・遠心的に作用することがありうる）。こうした理解に至るためには、ある明察を通過しなくてはならない。最初、われわれは「世界」がまずポジティヴなものとしてあって、それを否定する（「世界を止める」）と考える。しかし、やがて、「世界」そのものもまた、同じ否定の作用によって存立しているのであって、否定性の方が肯定性（ポジティヴィティ）に先行しているということに気づくことになる。この明察から、〈意志〉という否定の力を〈意志〉によって統禦することを通じて、「世界」を再構築するという発想が導き出されることになる。見田先生がことのほか愛し、繰り返し引用した宮沢賢治の詩「岩手山」をもとにして説明しよう。(7)

そらの散乱反射のなかに
古ぼけて黒くゑぐるもの
ひかりの微塵系列の底に
きたなくしろく澱むもの

この詩が衝撃的なのは、「岩手山」を詠っているのに、その「岩手山」を、「古ぼけて黒くゑぐるもの」で、「きたなくしろく澱むもの」として描き、背景である空を「散乱反射」「ひかりの微塵系列」と美しくポジティヴに表現している点にある。「図／地」の圧倒的な反転。凡庸な詩人ならば、「岩手山」の方を輝く実体として指し示し、その否定としての空を暗く澱んでいるものとして描く――あるいは空には何も言及しない――だろう。賢治のように見たとき、まずは非在（否定）としての空の方が第一義的なもの、本源的なものとして現れる。その上で、真ん中で「黒くゑぐるもの」となっている岩手山は、派生的なもの、すなわち、非在の非在、否定の否定として見えてくる。つまり、「岩手山」という最初はポジティヴなものとして見えていたものが、〈非在〉や〈否定〉の変容の産物として現れる。この「岩手山」を「世界」に置き換えれば、ここで述べてきたことになる。

あるいは、こう言ってもよい。これは〈空即是色〉の思想である、と。「色即是空」を唱える人はよくいる。しかし、「空即是色」という転位には、さらに深い真理がある。

4

「気流」によれば、ドン・ファンの教えが導く最終的な境地は「心のある道」である。「心のある道」とは次のような趣旨のことである。旅には目的地がある。同様に、人生にも目的がある。だが、旅の意味は、目的地に到達できたかどうかだけにあるのだろうか。たとえば、松尾芭蕉は、松島を目指して旅立ち、「奥の細道」の数多の名句を残し、ついに松島に着くが、松島では一句も残していない。松島はただ芭蕉の旅に方向を与えただけで、旅の意味は、目的地である松島に到達できたかどうかにかかっているのではなく、奥の細道という過程そのものに内在していたのだ。これが「心のある道」ということである。

　これを「人生」で見たときにはどうなるのか。もし人生の意味が、目的を達成できたかどうかにあるのだとすれば、途中で挫折したり、もくろみ通りにいかなかったりした人生は、虚しく無意味だということになる。それだけではない。人生におけるどんな目的も、さらにのちの目的にとっての手段である。しかし、人生の最後には死が待っているので、どんな人生も最終的な目的には到達しない。意味が目的へと疎外されているとき、どんな人生も虚しい。しかし、人生を「心のある道」として歩むものにとっては違う。芭蕉が、奥の細道を歩みながら、そのときどきの感動を楽しみ、句をつくったように、人生の歩みの過程そのものを充実して歩むことができる。

　これは、「世界を止める」から「統禦された愚」へと至る教えを、人生の時間に活かしたときに得られる感覚である。目的を、普通の意味での「図」、そしてそれを目指す過程を、「地」と対応させてみるとよい。宮沢賢治の「岩手山」では、「地」の方こそが輝いている。のみならず、「図」にあたる岩手山は、地の変容、地の反転した姿でしかない。同様に、人生において、地である過程そのものを輝きとして生きることができる。

＊

さて、「心のある道」が、真木悠介＝ドン・ファンの教えを人生というコンテクストで見たときの中核だとして、ここで考えてみたいことは、同じことを学知のコンテクストで捉えたときには、何が引き出されるのか、である。

前節で、私は、「トータルに〈スイッチを切る〉」ために、いかに先生としての知者が必要か、を述べた。すでに真理を見ている知者への信頼が必要だ。このとき、私たちは問う者になる。先生である知者が見ているはずの真理を探索して問う者になるのだ。問うということは、（与えられている）「世界」に違和感を覚え、それを相対化すること、「世界」を否定しようとする振る舞いである。問うとき、人は、焦点をあわせずにモノを見ている。問うことは、「明晰」を捨て、〈明晰〉へと至ろうとする運動である。

ところで、「統御された愚」で見出したことは、「世界」を超えた〈世界〉がポジティヴなものとして存在しているわけではない、ということだ。だが「世界」を超えたものがないわけではない。あるのは、「世界」に対する否定である。〈世界〉は、「世界」に尽くされないという否定性としてのみ存在する。別の言い方をすれば、それは、「世界と世界のあいだ」のギャップとしてのみ存在している。

ということは、どういうことか。否定は、問いの表現であった。私たちが知者である先生に見出すものは、答え（真理）ではなく、〈問い〉である。先生も問うていたのだ。もし、「目的地に到着することが旅の意味だ」という常識に立脚するならば、答えに到達できない問いは無意味だ、ということになる。しかし、「心のある道」において一歩ずつの歩みが充実していたように、問いそのものにこそ、真の輝きがある。さらに言えば、いわゆる「答え」も、ほんとうは〈問い〉の一種である。

思うに、真に深く問うためには、よき先生が必要である。問いを手放さず、問うこと自体を喜びとするためには、よき先生がいた方がよい。それは先生が答えを、あるいは真理を知っているからではない。先生の存在が、〈問い〉だからである。真木悠介先生が、「気流」の結末で、カスタネダから引いているのは次の言葉である。

> 夜明けの光は世界と世界のあいだの裂け目だ。それは未知なるものへの扉だ。

5

見田先生は、偉大な社会学者だった。いや、それ以上の人だった。私は、見田先生の後継者だなどということとは、とても恥ずかしくて絶対に言えない。それに、私のいくつかの仕事はまちがいなく見田先生への意識的・無意識的な応答ではあるが、最初の節でも書いたように、それらは、先生の期待に正確に応じたものとは言えない。「大澤くん、それはちょっと違うよ」と先生がおっしゃりそうなことばかりである。

たからである。

ただ、私に若干のとりえがあるすれば、それは、徹底して問い続けられること、問いが開く窓を閉じずにいられることかもしれない。それができるのは、今振り返ってみると、見田先生と出会ったからである。

見田先生は、一九八四年に『宮沢賢治――存在の祭りの中へ』を発表された(いまは岩波現代文庫に入っている)。宮沢賢治論は、講義でも聴いた。先生に直接師事していることの特権の一つは、生成状態の思想に立ち会うことができたことにもある。(8) 先生の影響で、私も宮沢賢治を読むようになった。私が特に惹かれたのは、『銀河鉄道の夜』である。『銀河鉄道の夜』は、賢治の代表作なのだから、宮沢賢治に関心をもつ者がこの作品に注目するのは当たり前ではないか、と思われるかもしれない。私自身も、自分でそう思っていたのだが、今、振り返ってみると、私がこの童話に関心をもたざるをえなかった理由は別のところにある。私は、この童話を通じて、「先生と私」の関係について考えていたように思う。(9)

『銀河鉄道の夜』は、未完の作品で、四つの草稿がある。とくに、最初の三つの草稿と第四次稿の間には、大きな断絶があることが知られている。第四次稿は、残った草稿としては最後のものだが、これも完成稿と考えなくてはならない理由はどこにもない。むしろ、第四次稿もまた、もう一つの途中経過だったのだろう。賢治がもっと長く生きていれば、さらなる草稿が書かれていたに違いない。ともあれ、三つの初期形と第四次稿との間には大きな違いがある。「ブルカニロ博士」と呼ばれる登場人物が、後者では消されてしまっている、ということである。

三つの初期形では、ジョバンニの銀河鉄道の旅が、ブルカニロ博士のトランスパーソナルな心理実験によって引き起こされたことになっている。この方が、ジョバンニの夢だったという設定よりも含みがあるし、何よりブルカニロ博士の口を通じて、骨格をなす思想が説明されるので、作品として完成度が高いようにも思う。しかし、第四次稿では、ブルカニロ博士は登場しない。

私の読みはこうである。『銀河鉄道の夜』は、「古い草稿が捨てられ、新しい草稿がより完成に近いもの」として読まれるべきではない。そうではなく、すべての草稿の物語は、同じ権利で存在しているのだ。喩えれば、それらは、（量子力学で言うところの）「重ね合わせ superposition」である。それらはすべて存在していて、波のように干渉しあっている。

「ブルカニロ博士」に、私は見田先生を見ていたのだと思う。第四次稿の中にブルカニロ博士が積極的には描かれないのは、完成された真理の所有者としての博士の存在を、賢治が否定しているからである。しかし、「重ね合わせ」的に読めば明らかなように、最後の第四次稿にも、博士は、ジョバンニ自身にとっての問いとして、つまり「みんなのほんたうのさいはい」とは何か、それをあきらめずにどこまでも追い求めようという問いとして、存在しているのだ。ジョバンニが真の主題に向き合うためには、博士の、つまり先生の媒介が必要だった。

『気流の鳴る音』のあとがきの最後の語は次の通りである。

われわれの自我の深部の異世界を解き放つこと。

確かに、見田先生によって、異世界が解き放たれた。それは、学問としては、巨大な問いのかたちをとっている。

注

（1） もっとも、先生の講義は、流暢でわかりやすい説明というのとは違っていた。語りや声に魅力はあるが、「立て板に水」とはほど遠い。が、先生の講義には、実質が、内容があった。当たり前のことだが、先生の講義を何度も聞きながらつくづく思ったのは、講義にとって最も大事なのは内容だ、ということだ。後年――私もすでに大学で教える立場になっていた頃だが――、先生が、自分の大学時代を振り返りながら、最もおもしろかった講義として、ヘーゲルを専門としていた金子武蔵のある日の講義のことを話されたことがあった。金子武蔵は、用意してきたノートをただ読み上げるような下手くそな講義をしたが、それには内容があった、講義はなんと言っても内容だ、と。見田先生の講義は、ノートを読み上げるだけというような無味乾燥なものではなかったが、いずれにせよ、講義の命は、話し方とかプレゼンテーションの仕方にではなく、何よりも内容にあるという結論は、私が見田先生の講義を通じて感じたこととまったく同じだった。先生にそう言うことはできなかったが……。

（2） 以下にまとめられている。『〈自由〉の条件』（講談社文芸文庫）。ほかに『自由という牢獄』（岩波現代文庫）。

（3） 見田先生以外の編集委員は、井上俊先生、上野千鶴子さん、吉見俊哉さん、そして大澤。

（4） 見田先生の持論。思想や学問には、「深さ」の次元と「まじめさ」の次元がある。両方とも兼ね備えている人は、めったにいない。何やらとても深そうなことを主張しているが、わかる人にしかわからないというような書き方になっているか、とてもまじめで誰にでもよくわかるのだが、とても浅いことしか書いていないか。たいていはどちらかになる。しかし、両方が必要だ。まさに見田先生が書かれたもののように。

（5）見田先生があるとき語ったところによると、先生は、カスタネダの本は、鶴見俊輔さんの紹介で、旅に出る前から知っていた。しかし、旅の前に読んだときには、「たいしたことはない」と思ったそうだ。しかし、旅を終えてから再読すると、まったく違って読めてくる。その違いは、言うまでもなく、本の内容にあったわけではなく、読む見田先生＝真木悠介の側にあったのだ。

（6）ただし、ここまでの短い解説でもわかるように、「世界を止める」ことを実践するのは、とても難しい。

（7）見田先生が宮沢賢治をまとめて読んだのは、一九八四年に出した『宮沢賢治――存在の祭りの中へ』を書いたときである。ただ、この詩「岩手山」には大学生のときに出会い、衝撃を受けたという。「気流」にも、「岩手山」は引用されている。

（8）もっとも、先生が講義で話されるときには、論文や著作になる予定の草稿は、たいていかなり完成していた。先生は、生煮えの思想を講義するようなことはなかった。できたての思想は、私的な会話や授業でのコメントのようなかたちで現れていた。

（9）『THINKING「O」』一四号（「〈わたし〉と〈みんな〉の社会学」）、二〇一七年。

翼をもち、そして根をもつこと

1

見田宗介先生が、二〇二二年四月一日に逝去された。先生の訃報に接したとき、私は、宇宙に大きな孔（あな）が開いたのを見たような気分になった。宮沢賢治の『銀河鉄道の夜』で、主人公のジョバンニは、カンパネルラと一緒に銀河鉄道の汽車に乗っている。突然、ジョバンニは、「天の川の一とこに大きなまっくらな孔がどほんとあいて」いるのに気づく。カンパネルラ（＝同行者）が、座席から忽然と姿を消すのは、そのすぐ後である。見田先生が、この世を去ったと知ったとき、私は、ジョバンニが目にしたという、その大きな「石炭袋」のような孔が、宇宙に開いたように感じた。その孔は、容易には塞がりそうもない。

私が先生に出会ったのは、一九七七年の春、大学に入学して間もないときだった。その日、「比較社会学演習」というごく少人数の授業で、先生のその学期最初の講義が行われた。先生は、学生たちの発表に先立って、まずはご自身の問題意識をはっきりさせたいとおっしゃり、講義を始めたのだ。先生の語りは流暢とは言い難いものだったが、私は、たちまちその内容に魅了された。講義を聴き、ノートをとりながら、胸の中に歓びが湧いてきて、ひどく自分が興奮しているのを感じた。

私は何に感動したのか。それははっきりしている。このとき私が先生の講義を聴きながら感得したことは、生きることと学問することとが、一つになりうる、ということだった。生きていれば、人はさまざまな悩みや苦しみにぶつかる。それらに対処し、克服することと学問とは別のこと……だと思っていた。が、そうではないことを知った。学問することを通じて、人生における最も深刻な悩みや苦しみに対抗することができる、と。

見田先生が、あのとき、人生訓のようなことを語ったわけではない。講義は、純粋に学問的なもの、先生が当時構想されている比較社会学の一部であった。あの日から数回にわたってなされた連続講義のタイトルは、「内聖論と外聖論」。タイトルにある聴き慣れない単語は、この講義で先生が使った造語である。聖なるものが顕現する場所を、宇宙や共同体の内側、中心に見出すタイプのコスモロジー（内聖論）と、逆に聖なるものを外部に見出し、外部から到来すると感じるコスモロジー（外聖論）がある。共同体が、内聖論を前提にしているか、外聖論を前提にしているかで、世界の見え方、人々の態度、生活の様式、社会構造等が、まったく異なったものになる。先生は講義で、こうしたことについて、文化人類学や宗教学、神話学等の知見をも活用しながら、豊富な事例とともに語られた。

いや、こんな要約では、とてもこの講義のおもしろさや深さは伝わらない。いずれにせよ、私がこのとき獲得したものは、精神の自由ということだったと思う。私たちは、無意識のうちに、自分の精神に枷（かせ）をはめている。なしうること、考えうることの範囲を、そうとは自覚することなく限定している。見田先生の講義は、その枷から私を解放してくれた。優れた学問は、精神を自由にする。私が感じた興奮は、自由を得たときの歓びであった。

一八歳だったあの日から半世紀近く、先生との交流はとぎれることなく続いた。最初は大学の学部の学生として、ついで先生の指導を受ける大学院生として、そして一人の社会学者として、もちろんまったくの私人としても、先生に対してきた。今、振り返ってみるならば、たとえば学部時代の「見田ゼミ」合宿は、私の青春の最も濃密な時間の一つだった。大学院のゼミには合宿がなかったが、学部の見田ゼミは、年に二回、「八王子セミナーハウス」というところで合宿を行った。あの合宿での先生との、あるいは同じ見田ゼミの仲間たちとの討論。あの充実した時間がなかったら、今日の私はなかっただろう。

2

見田先生が目指していたことは何だったのか？　見田先生のすべての仕事がそこへと向かおうとしていた先は、何だったのだろう？　先生自身が、この問いには答えている。それは「人間の解放」である。しかし、人間の解放とは何か？　この究極の目的を、そのもとになった元素のようなものに差し戻してみると、その内実がよくわかる。

先生は、あるところで次のように語っている(「走れメロス――思考の方法論について」『現代思想』二〇一六年九月号)。一七歳頃、仕事や勉強は「何のためにするのか」という究極の方向性について深く悩んだときがあったそうだ。いくつもの魅力的なイメージを描いては否定するということを続ける中で、最後に二つの候補が残った。一つは「人類の幸福」。もう一つは「世界の革命」。前者は、完璧な目標に思えたが、しかし「幸福」という言葉の「ぬくぬく感」に違和感があり、後者は、「やるぞ!」という気持ちを起こさせる力があったが、「革命」という言葉がもつ政治のニュアンスが受け入れがたかった(政治の中では、どんな純粋な人でも、他人を憎み敵対することになるのが嫌だった)。興味深いのは、二つの候補を拒否する理由がまったく対照的なことだが(前者の「ぬくぬく」感と後者の「とげとげしさ」)、ともかく見田先生によると、二日間、寝食を忘れるほど悩んだ末、突然閃いたのが「人間の解放」という言葉である。

ゆえに「人間の解放」は、「人類の幸福」と「世界の革命」の総合である。人間の解放とは、人類全体が幸福であるような世界へと、現状を変革することだ。これは、誰もが――見田先生ほど強い思いをもってではないにせよ――、若い頃に一度は描く目的ではないだろうか。皆が幸福であればいいな、自分はそうなるために何か貢献したいな、と。しかし、大人になる過程で、この願いを幼く素朴な夢であると感じ、捨ててしまう。

しかし、今述べたような意味での「人間の解放」という目的は、幼いわけでも、素朴なわけでもない。これは、人間にとって、ただ一つの本質的な目的だと言ってよい。ただし、これを、素朴な人だけがもち続ける夢ではなく、まさに本質的なこととして維持するためには、ある条件を満たさなくてはならない。夢のように感じられるそれがまさに現実になりうること、それが可能であるということ、このことを人に十分に納得させられなくてはならない。「人間の解放」が可能なる現実であることを示す根拠がなくてはならない。

その根拠こそが、見田先生の社会学――いや社会学以上の知――だった、と私は思う。透徹した論理性と厳密な実証性との両方を備えた社会学とセットになることで、「人間の解放」は、夢ではなくその向こう側のもう一つの〈現実〉、「夢よりも深い覚醒」として提示されることとなった。中途半端に「明晰」な人は、夢を捨てて現状の「現実」に単純に回帰する。真に〈明晰〉な知だけが、夢を突き抜けたところにユートピア的な〈現実〉があることを見通すことができる。

3

私たちを夢よりも深い覚醒へと導く、見田先生のおよそ六〇年間の学問的な仕事は、大きく三つの時期に分けることができる。先生は早熟な学者で、二〇代だった一九六〇年代半ばから、学会・論壇に注目される論文を次々と発表している。この時期から一九七〇年代前半までが第一期で、主要なテーマは、「近現代日本の社会心理」である。

一九七三年から七六年にかけて行った、インドとラテンアメリカへの旅が、先生にとって大きな転機となっており、それ以降が第二期である。著作で言えば、一九七七年の『気流の鳴る音――交響するコミューン』から始まって、一九九三年の『自我の起原――愛とエゴイズムの動物社会学』

までの時期だ。第二期を一言で特徴づけるならば、「比較社会学」の時期、と呼ぶことができるだろう。見田先生は、第一期の終わり頃に、「真木悠介」の筆名を獲得し、以降、二つの名前を使い分けるようになる。第二期は、真木悠介名の著作が最も多い時期でもある。今、その名を挙げたこの時期の最初と最後の二つの著書も、真木悠介として発表されている。

第三期は、著作で言えば一九九六年の『現代社会の理論——情報化・消費化社会の現在と未来』以降ということになる。この時期には、現在を人類史的な転換点と見なした上で、人類全体の未来を見据えた思索が展開された。種としての人類は、安定的な繁栄に入ることができるのか、逆に衰退していくのか。「現代社会とその未来」が、この時期を特徴づけるテーマである。

＊

各時期の先生の仕事を、もう少していねいに振り返っておきたい。先生の学問は、まさに一七歳のときの志のままに始まったことがわかる。第一期の社会学は、主に、人間の幸福／不幸について、日本の近現代史というコンテクストの中で探究することにあてられた。代表的な論文・著書としては、「現代における不幸の諸類型」（一九六三年）、『近代日本の心情の歴史——流行歌の社会心理史』（一九六七年）、『現代日本の心情と論理』（一九七一年）等が挙げられる。

社会学の理論に直結する第一期の大きな貢献は、価値概念の洗練化であろう（『価値意識の理論——欲望と道徳の社会学』一九六六年）。なぜ見田先生は、価値や価値意識に特に注目したのか。価値とは「主体の欲求をみたす、客体の性能」（何と簡潔でみごとな定義だ！）である。社会学者見田宗介が価値概念にまず注目したのは、この定義が含意しているように、価値意識に結びついた感情は、欲求充足にともなう「快楽」、つまり「幸福」だからである。快楽原理には、二つのジレンマが内在している。時間的パースペクティヴのもとでのジレンマ（現在の快／未来の快）と社会的パースペクティヴのもとでのジレンマ（自己の快／他者の快）である。見田先生は、この二つの次元を掛け合わせることで、四つの基本的な価値基準を演繹している（快・利・愛・正）。そして何より、この二つのジレンマが、次の――「比較社会学」期の――二つの主著に結びついている。

第一期の中で、見田先生は全共闘運動の昂揚を経験することになる。当時東京大学の若い助教授だった見田先生は、全共闘の学生の問いに真剣なものを感じ、彼らと直接の対話と論争を繰り返したという。全共闘の問いや批判には共感するところは大きかったが、見田先生は一つだけ大きな問題を感じていた。大学解体や近代批判はよいが、彼らには、その破壊のあとのポジティヴな展望がなかった。ワイマール共和国の批判からナチスが出てきたように、あるいは資本主義社会の矛盾への批判からスターリニズムが出てきたように、肯定されるべき世界のイメージをもたない批判は、もとの抑圧よりももっとひどい抑圧へと転化する。全共闘がポジティヴな世界の像を出してこないならば、自分の方でつくるしかない。全共闘の欠落への応答として書かれたのが、『人間解放の理論のために』（一九七一年）としてまとめられることになる、『展望』に寄稿された諸論文である。私は学生時代、見田先生がこの本について「習作に過ぎない」という趣旨のことを話されるのを何度か聞いたが、とうていそのようには片づけることはできない完成度が、この著書にはある。特に最終章の「コミューンと最適社会」は、のちの「交響圏とルール圏」（一九九六年）につながる、見田先生の社会構想論の骨格を提示した重要論文である。

このとき初めて、真木悠介の筆名が使われた。「見田宗介」と「真木悠介」の使い分けについて、見田先生はいろいろなかたちで説明しているが、つまるところ、根本に立ち戻って考えるためには、一旦、社会学者見田宗介のアイデンティティから自らを解放する必要があった、ということだと思う。見田先生自身が使われている、もっとイメージがわく表現を用いれば、「真木悠介」は見田宗介からの「家出」である。見田先生は、若い頃、家出願望のようなものがあったとのことだが、それを理論のレベルで実行したのが真木悠介という名前である。

第一期には、ほかにも、統計的な社会調査とモノグラフの驚異的な統合とも見なすべき傑作「まなざしの地獄――都市社会学への試論」（一九七三年）等があるが、すべてをここで紹介することはできない。ただ、第一期の掉尾（ちょうび）を飾る――そして第二期の展開への予感を秘めた――、一九七三年から七四年にかけて『思想』で断続的に発表された諸論文、のちに『現代社会の存立構造』（一九七七年）としてまとめられた真木悠介名の諸論文については、ここに銘記しておきたい。見田先生は、二〇一〇年から一三年にかけて、岩波書店から『定本　見田宗介著作集』と『定本　真木悠介著作集』を出すが、この中に、『現代社会の存立構造』を入れなかった。しかし、この論稿は、社会科学史の観点からは絶対に忘れられてはならない作品である。

『現代社会の存立構造』は、『資本論』からイデオロギー的な部分を排除し、純粋に社会理論的な含意を引き出すことを目的としている。「社会学」という分野にあえて限定して、この著作の意義を評価するならば次のようになるだろう。社会学の理論の中で解決されることなく対立してきた二つの理論的立場、つまり方法論的集合主義と方法論的個人主義を、マルクスから引き出した物象化論の図式を用いて完全に総合し、止揚している、と。つまり最も小さめに評価したとしても、この本は、社会学理論の最も大きな難問からのブレークスルーという意味をもっているのだ。

『資本論』は、普通、経済的諸形態（貨幣や資本）の物神化のメカニズムを解いていると見なされているが、同じ形式のメカニズムが、権力（国家）や文化的諸形象（理念や科学等）にも貫通していることを示す見田先生の理論展開は、まことに鮮やかで感動的である。特に瞠目すべきアイデアは、「Xへの疎外」という概念だ。普通、疎外とは何かから疎外されている状態で、たとえば貧困は、富からの疎外と解釈される。だが、真木悠介によれば、「Xからの疎外」の前に「Xへの疎外」がある。一部の人を「富からの疎外」の状況に陥れるのは、すべての人が「富へと疎外」されているからだ。「Xへの疎外」は、「Xからの疎外」より基本的な問題である。

*

さて、先ほど述べたように、一九七三年から七六年にかけて、見田先生はインドやラテンアメリカを旅する。これが転回点になった。この旅は「近代の外部への旅」であり、「全身の血が入れかわるような経験」だったと見田先生は述懐している。「それ以前の自分は、「前生」の自分であるようにも感じられました」とも（『戦後思想の到達点──柄谷行人、自身を語る 見田宗介、自身を語る』ＮＨＫ出版）。

この転回を経て、第二期の開始を告げる作品が、旅の経験をふまえて書かれた、真木悠介名の

『気流の鳴る音』である。この本を、何の本と分類したらよいのか。とにかく真木悠介名の作品を含む見田先生の書かれた本の中で、最も多くの人に読まれ、きわめて多くの人の人生に影響を与えてきた本であることは確かである。その影響の広がりは、アカデミズムの範囲をはるかに超えている。この本で人生が変わったという人に、私は何人も会っている。私個人にとっても、この本の意味は決定的だった。この本は、冒頭に記した衝撃的な連続講義が続いている最中に出た。もちろん私は、この本をすぐに読んだ。夢中になって。そして、その後も繰り返し、繰り返し。

『気流の鳴る音』の表題作「気流の鳴る音」は、人類学者カスタネダが紹介しているメキシコ北部のインディアン・ヤキ族の長老ドン・ファンの教えと生き方を読み解く、というスタイルで、真木悠介の哲学と思想を展開する。キーワードは、たとえば〈トナール〉と〈ナワール〉。〈トナール〉は、言語的に分節された間主体的な「世界」である。それに対して、〈ナワール〉は、そうした分節に先立つ存在の領域であって、〈トナール〉を「島」に喩えるならば「大海」、〈トナール〉を取り囲む〈世界〉だ。この本のインパクトは、見田先生がしばしば引用する宮沢賢治の詩「岩手山」の衝撃に比せられる。見田先生が大学生のときに衝撃を受けたという「岩手山」という詩は、次のようなたった四行の詩である。

そらの散乱反射のなかに
古ぼけて黒くゑぐるもの
ひかりの微塵系列の底に

きたなくしろく澱むもの

この詩は、岩手山の詩なのに、岩手山ではない部分、岩手山の背景の空、存在の地の部分をこそ、輝きに満ちたものとして描き、そのことを強調するために岩手山の方を、闇や非在のように描く。つまり、世界の図／地の関係を反転させる。「気流」も同じである。最後に「心のある道」という思想に到達するのだが、これも、目的と過程の図／地関係、主／従関係の反転に基づいている。

旅を転回点として始まる第二期を、私は、とりあえず「比較社会学」の時期と名付けた。この期間に、見田先生は、学問的な意味での二つの重要著作、社会学的な意味での二つの主著を、——どちらも真木悠介の名で——発表する。

一つは『時間の比較社会学』（一九八一年）である。この本は、時間意識、時間についての表象と、社会構造との間の関連を明らかにした、きわめて学術的な著書なのだが、同時に、「人間の解放」という主題と結びついた実存的な問いへの応答でもある。先に、見田先生は、価値意識について論じた初期（第一期）の著書の中で、快楽（幸福）には二つのジレンマが内在している、という点に注目していた、と述べた。そのうちの時間的パースペクティヴについてのジレンマに挑戦しているのが『時間の比較社会学』である。

私たちの生きる意味は、私たちが現在やっていることが未来において何を実現したかで決まる、と一般には考えられている。しかし、最後には死（無）が待っているのだから、生は虚しい。このニヒリズムは、理性にとっては避けがたい真理であるように思われる。しかし、真木悠介によれば、この「真理」は、時間についての二つの感覚が前提になっている。第一に、未来が、具体的な完結性ではなく、抽象的に無限化されたものとして関心の対象になっていること。第二に、時間は帰無していく不可逆性であること。この二つとも、時間についての客観的な事実であるように思いたくなるが、『時間の比較社会学』によれば、近代社会以外の社会や共同体は、時間をこのようなものとしては経験していない。近代人には、しかし、時間をめぐる二つの条件(抽象的無限、不可逆性)はどうしようもない客観的な事実に感じられる。

この点まであれば、文化人類学者や歴史学者の研究に類似の指摘や発見がないではないのだが、『時間の比較社会学』が傑出しているのは、この時間意識が、近代社会の存立の仕方に原因があることを洞察した点にある。時間の無限性は、個人と個人の関係がゲゼルシャフト的であることに、不可逆性は、自然を客体化する反・自然主義の感覚をベースにしていることに、それぞれ規定されている。したがって、ニヒリズムには論理的な必然性はないが、社会的な規定性がある。ニヒリズムは克服可能だ。ただしそれは、社会の変革、新しい社会の構想という形式をとることになる。

第二期のもう一つの学問的な主著は、『自我の起原』である。こちらは、快楽(幸福)をめぐる社会的パースペクティヴのジレンマに挑戦している。人間は、その動物としての本性においてエゴイスティックである。したがって、各個人は原理的に、自分の快楽、自分の幸福、自分の生存を、他者のそれらに対して優先させる。私の幸福は必ずしも他者の幸福と両立しない。そうであるとすれば、人間の幸福、皆の幸福、生きとし生ける者の幸福は、動物としての人間の本性を無視した不合理な希望だということになるのではあるまいか。『自我の起原』はこうした感覚に挑戦している。

反証すべきことの中核は、「人間の個体はエゴイスティックで利己的である」という命題である。しかし、この反証は困難な課題だ。なぜなら、生物学者自身が、進化と遺伝の理論にもとづいて、動物個体の本性としての利己性を認定してしまっているからだ。

しかし、『自我の起原』が驚異的なのは、オーソドックスな進化生物学の理論を前提にして——それだけを純粋に前提にして——、生物学の常識を完全にひっくり返していることだ。真木悠介の論理の骨格だけを説明しておこう。進化論の原理からすると、よく考えれば、本来的に利己的なのは生成子(遺伝子)であって、個体ではない。個体は、何十万もの生成子の共生系である。個体という共生系が生まれるのは、生成子たちにとってそれが有利だからであって、その意味で、個体は進化の派生物である。しかし、派生物であるところの個体は、最初は生成子の道具(エージェント)としての主体性をもち、やがて何段階ものメカニズムを経て、自ら固有の目的をもつ(テレオノミー的な)主体として自立する。利己的な個体は、このような進化の過程の、さらなる先に生まれてくる。

個体のエゴイズムや利己性は、動物としての本来的な性格どころか、むしろ媒介的な過程を経て生まれた派生物である。ところで、派生的なものが自己化・主体化するという運動は、個体のレベルで終わる保証はない。というより、基底には生成子たちの利己性があるとすれば、生成子たちは個体を外部に開き、他の個体を共生者として迎え入れようとするはずだ(その方が生成子にとっても有利なのだから)。これは論理的にそう推論できるだけではなく、動物や人間についての事実の問題としても確認できる。最初に成立するのは、個体の間の利害の合致——戦略的互恵関係——のようなものだが、やがて、派生的なものの主体化の論理が再び働き、個体たちの共生系がそれ自体として無償の目的として自立する。

このように、『自我の起原』が見出したのは、個体のエゴイズムの反対物だ。すなわち個体には自己裂開の構造があること、そして個体自体も、また個体の集合も、派生的に生まれた連合が自己目的的な主体へとその度に転換するというテレオノミーの開放系の原理に基づいているという事実である。真木悠介は、この本で、開かれた関係性が種の境界を超えていく可能性すら望見している。たとえば、カイロモン(シノモン)は、異なる種に属する個体同士が互いに誘惑しあうときに発せられる化学物質であり、その媒介によって種を超えて歓びが共有される。

『自我の起原』は、宮沢賢治に捧げられている。今紹介した二つの社会学的な主著の間に、見田宗介の名で書かれた『宮沢賢治——存在の祭りの中へ』(一九八四年)が入っている。この本はまことに卓越した宮沢賢治論であって、見田先生の文芸批評の才能の証明にもなっている。それにしても、私は驚いている。見田先生が宮沢賢治をまとめて読んだのは、この本を書いたときである。先生は宮沢賢治を通じて、思想を形成してきたわけではない。それなのに、賢治の思想と先生の思想は、実に美しく完璧に共鳴しあっている。どうしてこんな奇蹟のようなことが起きたのか。

*

見田先生が東京大学を退官する前年に発表された『現代社会の理論』から、社会学者としての第三期が始まる。第三期の代表作は、この本に加えて、『社会学入門——人間と社会の未来』

（二〇〇六年）、『現代社会はどこに向かうか――高原の見晴らしを切り開くこと』（二〇一八年）。三冊の岩波新書である。簡単に言えば、これらの著書で見田先生が考えていることは、人類の未来、千年単位で見た人類の未来である。

『現代社会の理論』は、現代社会は二つの限界問題に直面していると分析する。一つは、グローバルな社会システムと外部の自然との間で生ずる問題、すなわち環境と資源の臨界として現れる問題だ。もう一つは、グローバルな社会システムの内的な亀裂にかかわる問題、すなわち南北問題のうちに現れる広義の貧困の問題だ。これら二つの限界問題を乗り越えることは可能か？

こうした問題の設定は、今日、ＳＤＧｓなどというかたちで問われていることの先取りに見える。事実、その通りなのだが、この問題への対応として見田先生が示す構想は、現在のＳＤＧｓをめぐって一般に考えられていることを超えた決定的なひねりがある。普通、たとえば環境や資源の臨界という困難に対して提案される対策は、現在の豊かさや自由を部分的に制限する禁欲や抑圧である。しかし、見田先生は、それをよい方法だとは考えない。二つの限界問題を「闇の巨大」と見なせば、「光の巨大」もあるからだ。光の巨大とは、冷戦を競り勝った情報消費資本主義のシステムは、人類がこれまで実現した社会の中で最も豊かで、最も明るく、最も自由だという事実である。このことを私たちは高く評価すべきだ、というのが見田先生の考えだ。つまり私たちは光の巨大を捨て去るべきではない。しかし、そうすると課題はますます解き難いものになる。闇の巨大と光の巨大が同じところに原因をもっているからだ。光の巨大のよきところをキープしたまま、闇の巨大を克服することはできるのか？

できる、と見田先生は論じている。どうやったら可能なのか？　「消費化」と「情報化」の概念のポテンシャルをラディカルに徹底させたときに導かれる一種の脱構築によって、である。たとえばボードリヤール的な「消費 consommation」をバタイユ的な「消費 consumation」へと深化させることによって。将棋の妙手を見せられたときのような、アクロバティックな論理の運びに驚かされる。

二〇〇〇年代中盤以降の著作や講演では――もちろんその中に『社会学入門』や『現代社会はどこに向かうか』が含まれるが――、見田先生は、繰り返し、生物学でいうところのロジスティック曲線を引用するようになる。横軸に時間の経過、縦軸にある生物種の個体数をとると、ある環境によく適応した生物種の場合、S字を斜めに引き延ばしたようなグラフが得られる。個体数は、最初のうちは少しずつ増殖する。ある時期に、急激な、ときには爆発的な増殖期を迎える。そして、個体数が環境許容量の限界に近くなったところで、増殖が停止し、安定平衡の局面に入って永続する。これが成功した生物種の場合である。うまくいかない生物種は、「大増殖期→安定平衡」とはならず、大増殖期のあと、個体数は減少に向かっていく（最悪は絶滅である）。見田先生の見るところでは、現在、人類は、大増殖期の最終局面にいる。では、いつ大増殖期への転換が起きたのか。それは、いわゆる文明が始まったときだ。貨幣経済や都市が、あるいは大規模な国家や文字が導入されたときにあたる。近代も、この大増殖期の（後半）局面にあたる。そして、今や、大増殖期は終わろうとしている。そのことは、一九七〇年あたりを境にして、人口増加率が急激に低下していること等から示唆されている、というのが見田先生の判断である。

するとは問題は、次のことだ。人類は、人口と繁栄の高止まりの安定平衡期に入ることができるのか。つまり高原の見晴らしを切り開くことができるのか。それとも、頂点を迎え、今度は谷底に落ちるような衰退の道を歩むのか。どちらの可能性もある。見田先生は、そのように述べつつ、同時に、希望があることを、さまざまな論拠で示している。たとえば、世界価値観調査などの意識調査から判断すると、ヨーロッパや日本などの先進的な産業社会で、脱高度成長期に人間形成をしてきた新しい世代には、価値観に明らかな変化が生じている。それは、高原を準備するものかもしれない。

だが、高原に立つためには、その行動や態度に対応する世界観や思想が必要だろう。初期の定常期から大成長期への過渡期は、カール・ヤスパースがいう「軸の時代」に対応している。軸の時代とは、世界各地で、普遍哲学や世界宗教が同時多発的に生まれた時代を指す。このとき、人間が突然賢くなったために、哲学や宗教が量産されたわけではない。文明化とともに、人間は、狭い有限の共同世界から投げ出され、世界の「無限性」という現実に直面した。「無限性」をどう理解し、根拠づけるのか。それが、哲学や世界宗教というかたちをとったのだ。ヤスパースの図式を応用して、見田先生はこう言う。現在は、軸の時代Ⅱにあたる、と。軸の時代Ⅱの思想的課題は、軸の時代Ⅰのそれとは正反対である。私たちは地球環境の「有限性」に直面している。有限性としての生を支える思想が必要だ。そのような思想は、しかし、まだ確立されていない。おそらく、見田先生が考えてこられたことこそが、そのような思想の土台になりうるものなのだろう。私たちには、先生の思想と学問を、有限性の思想として解釈する作業が委ねられたことになる。

4

このように見田先生の思想の歩みを全体として振り返ると、あらためて思う。そこには、根をもつことと翼をもつことの二つのベクトルが、最高の力をもってともに作用している、と。根をもつことの欲求と翼をもつことの欲求は、『気流の鳴る音』の終わりの方に記された、人間の二つの根源的な欲求である。人は皆、どこにでもゆける自由に、つまり翼をもつことに憧れる。しかし、それだけでは人は不安になる。同時に、人は根をもちたい。どこかの場所に――ふるさとに――帰属したい。根への欲求と翼への欲求は矛盾している。しかし、〈根をもつことと翼をもつこと〉とを一つのものにする道が一本だけある、と真木悠介は書いている。それは、全世界を、存在の全体をふるさととすることだ、と。

見田先生の学問的な仕事のダイナミズム自体が、根をもつことと翼をもつこととの総合である。ただ、単純に両者が常に均衡しているということではなく、二つのベクトルの働き方に順番があったことがわかる。最初に強く作用しているのは、翼をもつことへの欲求である。「第一期→第二期」への思想の展開は、この欲求が全面的に開花していく過程だったように思う。実際にも、この間に、見田先生は、翼をもったかのように、「近代の外」への旅を行っている。あるいは、見田宗介から真木悠介への「家出」も敢行した。翼をもって近代の外へと脱出し、人間の可能な社会のすべての型を比較する視点を獲得した。さらには、人間の外、生命の全体を見通すほどに高く、遠くまで飛んだ。このような翼をもったまま、先生は舞い降り、大地に根をもとうとした。それが「第三期」

の仕事ではないか、と思う。先生は、確かに、私たちが今直面している喫緊の課題を見据えている。しかし、それを、他の論者にはめったに見られない圧倒的に長い、人類の歴史と運命の全体を見通すような視野の中で考えている。要するに、広々とした高原を見晴らすように、人類の運命を考えている。どうして、そんな視野をもち、そのように考えることができるのか。それは、翼をもった上で、根をもったからだ。翼が優位な人、根が優位な人は、それぞれにいる。しかし、見田先生が稀有だと言えるのは、翼と根の両方をもち、両方ともきわめて強いことだ。

見田先生自身は、自らの思考の方法を、往相と還相という仏教的な用語で説明している。現代世界の問題を根源から考えるには、現代世界の外部へ往って、内部へと還ってこなくてはならない。人間世界の外部へと往って、内部へと還ってこなくてはならない。世界の外部へ往って、内部へと還ってこなくてはならない。ナワールへ往って、トナールへと還ってこなくてはならない。往くことは、翼をもつことに、還ることとは、根をもつことに、それぞれ対応している。

5

見田先生の学問と思想は、絶対に忘れられてはならない。絶対に次の世代へと継承されていかなくてはならない。さもないと、日本の社会学、日本の人文社会的な知は、あまりに貧しいものになってしまうだろう。いや、先生の知がきちんと受け継がれなかったら、それは、世界の知のレベルで見ても大いなる損失である。

ところで、私は、知の継承には二つの方法があり、それらはともに必要だと考えている。知を継承すること、見田先生の思想を継承することは、もちろん、見田先生が語ったこと、書いたことをできるだけ正確に再現し、反復することを意味している。私は今、このことの必要性を痛感している。

しかし、知の継承の、このごく当たり前の一般的な方法には弱点がある。私たちは、オリジナル(見田宗介・真木悠介)の似姿を作ろうとするだろう。しかし、似姿は、常に不完全である。似姿は、薄れたコピーのようなものになってしまう。そのため、正確に継承しようとしているのに、オリジナルを矮小化し、その本来の魅力を削いでいくことになる。それならば、どうしたらよいのか。

ここで、ヴァルター・ベンヤミンが、「翻訳者の課題」で述べていることが参考になる。翻訳は、「原作の意味に自身を似せてゆく」のが普通である。しかし、ベンヤミンは、それとは別に「愛をこめて、細部に至るまで言いかたを自身の言語の言いかたのなかに形成してゆき、その結果として両者が、ひとつの容器の二つの破片、ひとつのより大きい言語の二つの破片と見られるようにする」(『暴力批判論 他十篇』野村修編訳、岩波文庫、一九九四年)というやり方がある、と言う。後者の翻訳を、壊れた容器や花瓶の断片をつなぎあわせていく作業に見立てている。ここでベンヤミンは、翻訳についての画期的なモデルを提案している。換喩のような翻訳がある、と。普通の翻訳は、原典の意味と自身の意味との類似性を確立しようとしており、隠喩に比すのが適切だ。これとは別に、原典に自らを並列的に隣接させていく換喩的な翻訳がある。

ベンヤミンが述べていることは、翻訳に関してよりも、知の継承に関していっそう妥当する。一方には、普通の隠喩的な継承がある。これも非常に重要である。それと合わせて、他方に、換喩的と見なすべき継承のやり方もあるのではないか。二種類がともに必要である。一方が欠けると、他方の意義も半減する。私たちが見田宗介＝真木悠介の仕事に対してやるべきことは、これら二種類の継承だ。

最後に『自我の起原』のあとがきから引いておこう。

アルチュアルなもの、リアルなもの、実質的なものがまっすぐ語り交わされる時代を準備する世代たちのうちに、青青（せいせい）とした思考の芽を点火することだけを願って、わたしは分類の仕様のない書物を世界の内に放ちたい。

確かに「青青とした思考の芽」が点火したということを、私たちは証明しなくてはならない。

II

中井久夫

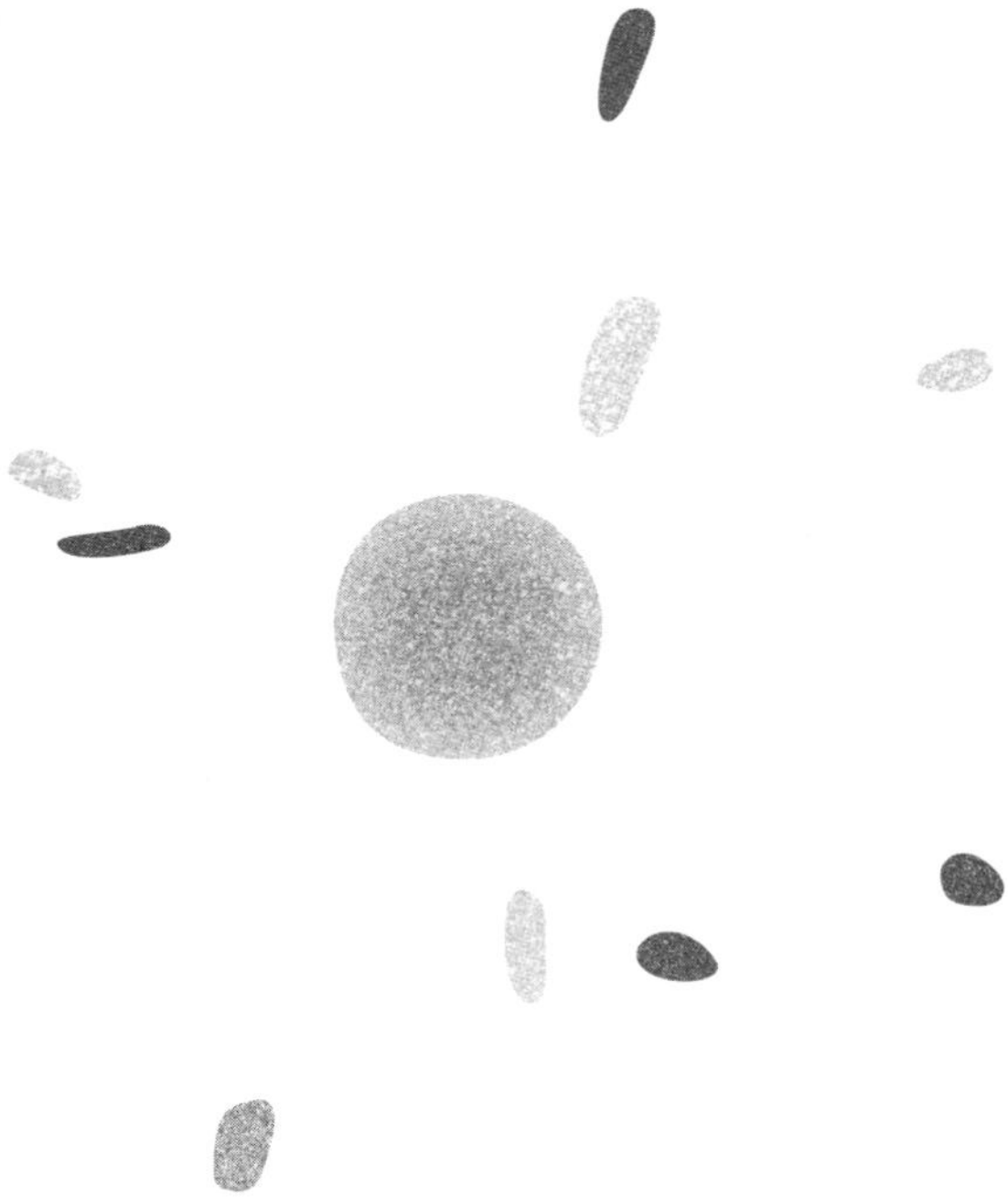

リゾームではなくオリヅルラン

——社会学者はなぜ中井久夫を読んできたのか

1

今年（二〇二二年）の夏、中井久夫さんが亡くなった。私は、生前、ついに中井さんに直接お会いできなかった。

学生時代からの読書経験を振り返ってみると、臨床の現場をもちながら著作を発表してきた精神科医または心理学者の中で、私がその本をとりわけ愛読し、尊敬し、刺激を受けた方が三人いた。木村敏さんと河合隼雄さん、そして中井久夫さんだ。今や、三人とも鬼籍に入られた。三人の中で、木村さんとだけは、雑誌の企画で対談をさせていただくなど、何度かお会いする機会があったが、河合さんと中井さんには、一度もお会いできなかった。ただ河合隼雄さんに関しては、亡くなられた少し後に、長男の河合俊雄さんにユング心理学会に招いていただき、河合隼雄さんの著書について話す機会をいただいたので、間接的にだが、お会いできたような気分になっている。

しかし、中井久夫さんだけは、わずかな接点をも与えられぬまま逝かれてしまった。残念である。私は、純粋に一読者に過ぎないが、中井さんには、とても大きな知的な恩義を感じている。ここで、社会学者の大澤がどうして精神科医の中井さんの仕事に惹かれたのかを記すことで、中井さんを追悼したい。

もちろん、社会学者が中井久夫の著作を熱心に読んでいたとしても、人は、少しも驚くまい。中井は、「精神科医」という枠組みにはとうてい収まらない――一人の人物によって成し遂げられたとは信じがたいほどに――広く膨大な業績を残している。その中には、文学や歴史、あるいは思想史の研究として見ても、専門家を超える一流の業績も含まれている。そして何より、「普遍症候群―文化依存症候群―個人症候群」という三項図式を提起した『治療文化論』や学校でのいじめ問題を扱った「いじめの政治学」など、社会学や文化人類学との接点をもった、独創的な仕事もたくさん含まれている。阪神・淡路大震災に被災されたときの記録やこの災害をきっかけとして手掛けられたPTSDの研究なども、多くの社会学者が関心をもって読んでいたに違いない。私もその一人である。

このように思えば、社会学者が中井の著作を読むのは当然のことである。だが、私の場合は、中井の固有に精神医学的な研究、とくに統合失調症についての研究からも刺激を受け、恩恵を受けてきたので、ここではそのことを書いておく。

2

私が若い頃、最初に衝撃を受けた中井久夫の文章は、「分裂病と人類——予感、不安、願望思考」(『分裂病と人類』東京大学出版会、一九八二年)という論文である。大学院生のとき、私はこの論文を繰り返し読んだ。自ら構築しようとしていた社会理論の基礎的な部分に関して、私が「これでよし」という強い確証を得たのは、中井のこの論文を読んだときである。

少し自分のことを書かざるをえない。私は、当時、人間の志向性(心の働き)に必ず随伴する〈遠心化作用〉を、公理的な前提の一つとする社会システムの理論を構想していた。〈遠心化作用〉は私の造語だが、パースペクティヴの構造を意味する〈求心化作用〉と対になるもので、直感的に言えば、他(者)における微細な変化を察知し、それに思わず同期し共鳴してしまう強い傾向性のことを指している。私はこの概念を、現象学的な内省とメルロ=ポンティやレヴィナスなどの哲学的文献の読解と論理的な抽象を通じて得たのだが、ほんとうにこういうものを、〈求心化作用〉とまったく同じ権利で根源的なものとして仮定してよいのか、確信を得られずにいた。

この方向で考えてよい、という自信をもつことができたのは、(木村敏のいくつかの著書とともに)中井の「分裂病と人類」に出会ったおかげである。この中で、中井は、分裂病親和者の人間学的特性を、「兆候空間優位性」と呼んでいる。兆候空間優位性とは、「もっとも遠くもっとも杳(かす)かな兆候をもっとも強烈に感じ、あたかもその事態が現前するごとく恐怖し憧憬する」ことである。中井によると、これは、入力の時間的変動部分のみを検出し未来の傾向を予測する、電気工学の「微分回路」の諸特性に喩えることできる。私は、「これだ！」とまさに膝を打った。これこそ、〈遠心化作用〉という概念で言いたかったことの、この上なくヴィヴィッドな表現である、と。〈遠心化作用〉という概念を前提に置くことへのためらいを、私はこのとき完全に克服できた。

この概念は、今でも私の理論の公理である。理論の土台を、中井によって固めてもらったと言っても過言ではない。

3

「分裂病と人類」は、分裂病親和者の兆候空間優位性は、貯蔵や所有の観念をもたず、絶えず移動している狩猟採集民に特に有利な認知特性である、としている。それに対して、定住し蓄積を始めた農耕民は、執着強迫気質者に対応しており、その認知特性は「積分回路」に類比させることができる、というのが中井の論であった。

二〇世紀の末期、「統合失調症（分裂病）」の性質に依拠して、社会を全体的に特徴づける理論が、世界的に流行っていた。二〇世紀のはじめ、フロイトは「神経症」を、社会を記述するのに活用したのだが、二〇世紀の終わりには、「統合失調症」がその地位を占めるようになっていた。そうした流行の中心には、言うまでもなくドゥルーズ＝ガタリの『アンチ・オイディプス』があった。ドゥルーズ＝ガタリの場合、スキゾフレニア（統合失調症）を遊牧民（ノマド）的なものに、パラノイアを属領化 territorialisation（≒定住化）に対応させている。パラノイアは、中井の強迫症とほぼ同じものを指しており、ドゥルーズ＝ガタリも中井も、統合失調症を移動性と結びつけている点でも類似している。

このように中井久夫の統合失調症論と当時の最先端の「現代思想」とが同じ方向を向いているがゆえに、私はますます中井の理論に興味をもつようになった。……というのは実はまったく違う。逆なのだ。私は、中井が統合失調症について論じていることに、ドゥルーズ＝ガタリの構図とはまさに「似て非なるもの」を感じた。その違いこそ重要だ、と私は思った。違いは、中井の（統合失調症の）寛解過程論に現れている。

統合失調症に関して、精神科医や研究者はたいてい、症状が爆発的に現れる発病までのプロセスを記述することに注力する。中井自身も、もちろん、発病過程にも注意を向けている。中井によると、精神病以前の子どもが統合失調症を発病するまでに、次のような段階を経過する（「統合失調症の発病過程とその転導」『統合失調症１』みすず書房、二〇一〇年）。「余裕の時期→無理の時期→焦慮の時期→発病時臨界期→急性統合失調症状態」と。「無理の時期」「焦慮の時期」など、中井らしいイメージのわきやすい表現である。無理の時期とは、思春期に入って、自分が何か肝心なことに対して遅れていると感じ、突然、いろいろなことを――たとえば勉強を――力んで、必死になって取り組む時期で、その背景には、自分が何者かに審問されており、それに「即座に答責してでさえもすでに晩すぎる」という感覚がある。焦慮の時期は、切迫の感覚がさらに強くなった段階、つまりもはや間に合わない、もう「後がない」（つまり「先しかない」）という焦りがあまりに大きいため、これを行動へと解消することも不可能になった段階である。

患者は、最後にある極点（急性統合失調症状態）に到達する。そこで、彼または彼女は、世界の真実を見たような気分になる。世界の秘密は、私に、私にだけ開示された、と。言い換えれば、世界はもっぱら私について語っているのだ。このように、統合失調症の発病は、主観的には知的な創造性の爆発である。しかし、同時にそれは、完全な破局でもある。実際、患者は、発病の興奮を過ぎると、「痴呆」状態に陥ったかのように見える、不活性な慢性期に入るのである。

たいていの精神科医や研究者は、発病過程には興味をもつが、その後の慢性統合失調症には関心を向けない。が、中井久夫の本領は――広く認められてきたように――、慢性期の統合失調症に対して、つまり寛解過程に対して理解を深めたところにある（たとえば論文「統合失調症状態からの寛解過程」『統合失調症2』みすず書房、二〇一〇年）。それは、発病の破局の後の静的な精神状態であると考えられていた。しかし、中井は、寛解過程において患者の内面で起きていることは、不活性な「痴呆」ではない、ということを見出した。むしろ、その反対物である、と。

たとえば、慢性統合失調症者に描画療法を試みてみる。つまり、絵を描いてもらう。すると驚いたことに、緘黙（かんもく）を続けていた病者の絵画は、とても豊かで次々と変化していくのである。「ピラミッド」「豪雨」「落雷」「果実」「川を下る笹舟」「満開の桜花」「田植え」等々と（「統合失調症の慢性化問題と慢性統合失調症状態からの離脱可能性」『統合失調症2』）。つまり、慢性期とされる統合失調症者の心的世界は、常に激しく動き、変化していたのだ。

ということは、どう理解したらよいのか。それまでは、統合失調症は、創造性の極限がそのまま破局であるような極点への発達過程として考えられていた。その極点は、すべての終わりである、と。しかし、寛解過程に見られるこうした心的状態の変化は、病者が、破局でもあるような終わりに到達してはいない、ということを示している。というより、そのような意味での終わりなど存在しないのだ。決して到達しない終わりへの過程の反復だけがある。中井久夫の寛解過程論は、このことを私たちに教えてくれる。

4

このことが、私の社会学的想像力をどのように刺激したのか。説明しておきたい。

先に述べたように、ドゥルーズ＝ガタリの『アンチ・オイディプス』も中井と同様に、精神病のタイプと社会の像とを対応させている。統合失調症（スキゾフレニア）に親和的な社会の状態を表現するために、ドゥルーズ＝ガタリは、「脱属領化 déterritorialisation」なる概念を使った。この概念は、あらゆる固定的な社会秩序からの脱出、あるいは固定的な社会秩序の破壊を連想させる。このような概念と統合失調症とを結びつけているとき、ドゥルーズ＝ガタリが、破局へと向かう発病過程に即して（のみ）統合失調症を理解していることは明らかである。

このように把握された限りでの統合失調症を社会の状態と対応させたとき、私たちは、否定的なヴィジョンしか得ることができない。つまり、何らかの社会秩序の構築へと向かういかなるヴィジョンも、（ドゥルーズ＝ガタリの）統合失調症の概念からは出てこない。

しかし、寛解過程を視野に入れた中井の統合失調症の場合はまったく異なってくる。中井が見出したところによれば、寛解過程において病者の内面には、たとえばさまざまな絵画的イメージが去来し、また次々と変容している。そこにあるのは、単一の終わりへの発展過程ではない（そのような終わりは、創造性の極大値であると同時に完全な破局でもあった）。そうではなく、患者の内面で起きているのは、到達できない――というより存在しない――終わりへの漸近の反復のようなものである。このような反復の中で、多様な絵画的イメージが生まれては消えている。このとき重要なのは、ときには泡のようなはかなさの中にあるとはいえ、病者の心中には何ものかが創造され、命を宿しているということだ。

そうだとすると、寛解過程を中心に据えて理解した統合失調症からは、私たちは、ポジティヴな社会秩序のヴィジョンを導くことができるのではないか。「統合失調症」は、もっぱら否定や破壊へと向かうポテンシャルを含意しているのではない。統合失調症には、構築へと向かうポテンシャルがある。私たちは、中井の研究と臨床を通じて、このことを知ることができるのだ。

5

中井の論をこのように解釈することの妥当性は、「統合失調症圏の病いを経過した人の社会復帰」ということについて中井自身が述べていることからあらためて確認することができる。「世に棲む患者」（『世に棲む患者』ちくま学芸文庫、二〇一一年）というエッセイの中で、中井は、「寛解患者のほぼ安定した生き方の一つは……巧みな少数者として生きることである、と思う」と述べている。普通は、復帰とは、多数者の途に加入することだとされている。多数者に倣うこと、多数者と同じように生き、多数者と区別がつかない状態になること、これが社会復帰である、と。しかし、中井によれば、多数者の途に加入することは、社会復帰の唯一のやり方でもなければ、最善のやり方でもない。統合失調症を経過した人は、事実においてすでに少数者(マイノリティ)であり、少数者性を保った上で、巧みに生きることが可能であるし、またその方がよい、というのが中井の提案である。

ということは、どういうことか。私たちは普通、病いから回復して社会に復帰するときのベストのやり方は、心身からその病いが完全に消えてなくなり、多数者と完全に同化することだと考えている。しかし、中井はこの通念を拒否する。少数者として生きるということは、統合失調症寛解者が、その統合失調症への親和性を維持をしたまま、社会の中にその場所を得る――患者として「世に棲む」――ということである。中井はエッセイの中で、さまざまな具体的でプラグマティックな提案を書くことを通じて、寛解患者が少数者として生きることが十分に可能だということを、私たちに納得させてくれる。

統合失調症の患者には、人間的魅力がある。その証拠に、たいていの患者（あるいは元患者）は友人を――ときには親友を――持っている、と中井は述べる。おそらくその魅力は、統合失調症者のあの認知特性、微分回路的感覚からくるものであろう。治療者に対しては、こう提案される。「長期的にみれば、病気をとおりぬけた人が世に棲む上で大事なのは、その人間的魅力を摩耗させないように配慮しつつ治療することであるように思う」と。中井は、「心の生毛(うぶげ)」というすてきな比喩を使っている。心の生毛を剃ってはならないのだ。

ところで、ここで考えてみるとよい。もし統合失調症が発病過程だけで把握されていたら――、そのような統合失調症者がたとえ慢性の寛解過程に入っていたとしてもだ――、彼らに関して、「世に棲む」ことが、つまり「多数者に交じって少数者として生きること」が可能だと言えただろうか。絶対に言えなかっただろう。発病過程を基礎にした伝統的な意味で解釈された統合失調症者は、純粋な破壊者か、いわゆる痴呆者であって、世から隔離されて生きてもらうしかない、ということになっただろう。この見地からは、どうしても多数者の社会に復帰させるのであれば、その患者の「心の生毛」を完全に剃って、ツルツルになってもらうほかない、とされるだろう。

言い換えれば、心の生毛を保って、世に棲むことが可能だと言えるのは、寛解過程が何であるかを適切に見ているからである。寛解過程の真実を視野に収めたとき初めて、統合失調症からポジティヴな社会のヴィジョン、積極的な共存のかたちについてはっきりとした展望を導き出すことができる。

6

脱属領化する因子としてのスキゾフレニア、トータルな破局的終末への発展過程としての統合失調症。これを社会という平面に射影すると「革命」のイメージを得ることができる。社会体制を一挙に転覆する革命。

革命は勇ましくかっこいい。だが、その後、どうするのか。既存の悪い体制を破壊したのはよいとして、その後はどうするのか。革命は難しい。小手先の改良は簡単でも、トータルな革命は困難で、たいていは失敗する。その通りであろう。しかし、革命よりももっと難しいことがある。それは、革命の後、どうするのか、ということである。これに失敗すると、もともと体制に大きな不満があって革命が引き起こされていたのに、革命前よりももっとひどい状態、もっと強い抑圧が生まれることになる。

革命の後の作業は、細かく地味なことの連続だ。前の邪悪な体制を倒したからといって、一夜にして理想の体制が実現するわけではない。革命を遂行し、新たに権力を握った者は、理想からはまだ遠いということを自覚しつつ、なお必要なことを決定し、実行しなくてはならない。人々が生きる上で必要なことを実現するために、細々とした経済的・政治的な決定を連続的に下していかなくてはならないのだ。

医者が患者の寛解過程にかかわり、その回復を手伝う仕事は、この「革命後の措置」に比することができるだろう。患者が回復できるのは――つまり心の生毛をもった少数者として世に巧みに棲むことができるようになるのは――、発病後の患者の心的世界が、静的な廃墟のようなものではなく、振動するように常に動いているからである。この動きを活用して回復が促される。しかし、医者はそのとき巧みに、患者の心の中の揺らぎに便乗しなければ、回復には失敗する。

中井が、兵庫県有馬病院の「医師・看護師合同研修会」で行った『こんなとき私はどうしてきたか』(医学書院、二〇〇七年)という講義がある。これは、医師と看護師のための実に実践的な指南を語ったものであり、その具体性、その細かさに驚く。とくに回復(寛解)期についてのアドバイスは、実に繊細だ。たとえば、こんなふうに。

治りかけというのはとても大切な時期です。しかしわれわれは、患者の症状が収まったら急に気を抜きがちではないでしょうか。患者が回復期に入るか入らないうちに、医療者にはだいたい次の患者が待っているんですね。だから保護室から出てみんなのなかで生活をしはじめたときの患者さんは……非常にさびしい。何周か遅れて運動場を走ってるような感じですよね。

これはちょっと気づきにくい。たいていの医師や看護師は、患者の症状が収まってきて保護室から出ることができたら、「よかった一安心。さあ次の患者を診なければ」と思ってしまうだろう。しかし、このとき忘れられることが患者にとっては最も辛いことだという。この時期の患者の過ごし方で、慢性化するのか、それとも回復するのかが決まるほどに。

たとえば、革命を起こして、邪悪な独裁者を追放したとする。これで主要な目的を果たしたとして、革命家たちが、民衆の日々の生活のことを——食べたり移動したり暖をとったりといった生活のことを——無視したら、民衆はただちに独裁者の回帰を求めるだろう。治りかけの患者は、このときの民衆に似ている。

中井の関心の中心には常に、革命を連想させるような決定的なときの後をどうするのか、があった。実は統合失調症に限らない。たとえば、阪神・淡路大震災で被災したことをきっかけとして始めたＰＴＳＤ論もまた、圧倒的な出来事の後の「心のケア」の問題である。いや、ＰＴＳＤ以前に、震災の三ヶ月後に緊急出版された「災害がほんとうに襲った時」が驚きである。そこには、災害の直後に何をすべきか、何を配慮すべきかについて、まことに具体的に、「こんな些細なことまで」と思いたくなるほどていねいに記述されている。今引いた『こんなとき私はどうしてきたか』の震災版だと言ってよい。中井久夫の主題は、〈事後〉にある。[1]

〈事後〉というテーマを、もう一つ統合失調症論の外に見ておこう。中井は、フランス現代文学の専門家の顔色を無からしめるほどの優れたポール・ヴァレリーの研究者でもある。『若いパルク』と『魅惑』等の詩集も翻訳している。

ヴァレリーは、二〇歳だった一八九二年九月一四日、家族と過ごしていた母の故郷ジェノアで、後に自ら「一八九二年のクーデタ」と呼ぶ決定的な事件を体験する。その事件が具体的に何であるかは、よくわからない。とにかく、彼はクーデタに喩えられるような精神の転換を体験したのだ。後年の詩「デルフォイの巫女」から、中井はその危機体験の様相を読み取っている。それは「非常な超覚醒状態」に違いなく、「超限的な孤独の中で、過去も未来も一点に収斂し、一望のもとに見渡せる思い」を得たらしい、と(「ポール・ヴァレリーと青年期危機」『こころの科学』一二三号、一〇九―一一二頁、二〇〇五年)。つまり、これは「兆候空間優位性」の極端な感覚に近く、「急性統合失調症状態」において得られるような啓示の体験である。

中井はしかし、この「クーデタ」の内実に深くこだわってはいない。中井がヴァレリーを読むのは、ヴァレリーが、「クーデタ」の事後を生きたからである。「おそらく、人は決定的に治癒することなど、決定的な「悟り」と同じく、ないだろう。ジェノアの危機を顧みることはヴァレリーを等

身大に還元するとともに、危機をどうみるべきか、危機に際して何が重要であるかを教えてくれる」(同)

7

中井久夫の寛解過程の理論は、破局や革命の後にポジティウな秩序をもたらしうる、ということについての希望を与えてくれる。同じように統合失調症を参照しながら、ドゥルーズ＝ガタリの『アンチ・オイディプス』や『千のプラトー』からは、そのようなポジティヴなものを引き出すことはできない。

よく知られているように、ドゥルーズ＝ガタリは、西洋形而上学を規定する構造であるツリーのモデルに対して、ノマド的でスキゾ的なリゾームのモデルを提唱した。リゾームは、こんがらがった網のように広がる植物の根のことである。要するに、それは、いかなる中心も基準もない混沌である。こういうものから、ポジティヴな社会のヴィジョンを得ることはできない。

中井もまた植物のイメージを提起している。彼は、世に棲む患者(統合失調症寛解者)の世界、そのライフスタイルを、オリヅルランに喩えている(「世に棲む患者」)。オリヅルランに対比させられている多数者の世界のモデルは、ヤマノイモである。ヤマノイモの特徴は、同心円構造にある。つまり、ヤマノイモは、ドゥルーズ＝ガタリのツリーと同じものだと言ってよいだろう。しかし、ツリー＝ヤマノイモに対置するモデルが、中井とドゥルーズ＝ガタリでは違う。

リゾームではなくオリヅルラン。オリヅルランは、ただの混沌ではない。それは、「基地」にあたるような中心をもつ。が、ツリーやヤマノイモのように、全体を中心へと堅く結合しようとしてはいない。オリヅルランに潜在している運動性は、ツリー＝ヤマノイモとは逆である。基地である根から、ひゅっひゅっと葉が外へと、他者たちへと遠心的に飛び出していく。オリヅルランは、回帰し避難できる基地＝根をもちつつ、他者の方へと結合しようともしているのだ。このモデルからは、明確にポジティヴな社会のヴィジョンを構築することができる。このイメージが、社会学者を魅了する。

中井久夫さんにお会いして、こんな社会学的な連想について、直接話してみたかった。文章から、限りない寛大さと優しさを感じさせるその人が私の連想にどう応答してくださるか、知りたかった。

中井久夫さんのご冥福を、お祈り申し上げます。

注

（1） 中井は、楡林達夫の筆名で若い頃に書いた『日本の医者』（小山仁示との編著、三一書房、一九六三年）の中で、自分は「翌日の医者」になることを決意した、と書いている。この「翌日の医者」という語に目をつけて、中井久夫の理論を、海外に——とりわけフランス語圏の精神医学や精神分析の世界に——紹介した優れた論文を、松本卓也氏が書いている。この論文は、中井の寛解過程論を実にわかりやすく要約している。私も、本論を書くにあたって、松本氏の論文を参照し、寛解過程論を復習させていただいた。Takuya Matsumoto, "Nakai Hisao : clinique, art-thérapie et politique," Recherche en psychanalyse, 2021/2, No. 32, pp. 89-104.

磯崎 新

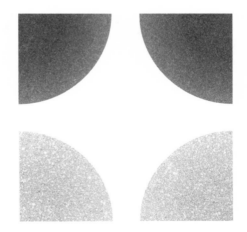

理不尽な生成の場

一般に、生物の進化や生成は、繁殖戦略上の有利／不利をめぐる競争的なゲームのごときものとして、理論化されている。しかし、進化生物学者のデイヴィッド・ラウプは、こうしたゲームの枠組みには収用できない「理不尽な絶滅・適応 wanton extinction/adaptation」とも呼ぶべき現象があり、進化の中で実際に起きていることの大部分はむしろこちらなのだ、と述べている。「理不尽な適応」は、同じく進化生物学者スティーヴン・J・グールド等が「外適応 exaptation」という概念で指示したこととほぼ重なっている。外適応（理不尽な適応）は、生物のある性質が、自然淘汰を通じた適応の結果として生成したものではなく、何かの適応的な過程の純粋な副産物として生成し、その後で結果的に生物的な機能を獲得したときに用いられる概念である。

興味深いのは、グールドが、外適応とは何かを解説するために、建築の比喩に訴えていることである。グールドによれば、たとえばスパンドレル（三角小間）は外適応の産物である。スパンドレルとは、直方体の建物に内接するようにアーチを造ったとき、そのアーチと直方体の角とのすき間

（ギャップ）にとり残される三角形の部分である。直方体には、建築物を全体として支える力学的な機能があり、アーチには、たとえば宗教的な目的があったりする。両者を組み合わせたときに、副産物として、どちらの機能とも無関係な三角形のすき間が生まれる。そのすき間の部分に、レリーフをほどこしたりすると、それは美学的な機能をもつことになる。この美学的な機能は、力学的な機能や宗教的な目的をもった構造物の後から、非意図的に、したがって建築物自身の中から自律的に生成したものである。

ここで、外適応のような進化生物学の概念やスパンドレル（すき間）といったその建築学的な隠喩について論じているのは、私の考えでは、これらが、磯崎新の建築の理念と実践を理解する上での鍵の一つとなりうるからである。磯崎新の建築のいくつか、少なくとも私が知っている建築のいくつかは、外適応的な生成過程の形象化であり、一般化されたスパンドレルである。このことは、とりわけ磯崎が設計した劇場にはよくあてはまる。磯崎は、しばしば、わざと自嘲的に自分は「鈴木忠志の劇団ＳＣＯＴの座付き建築家だ」と言っている。そのＳＣＯＴを主として念頭において設計された劇場に関しては、「外適応」や「スパンドレル」といった概念は、その建築的な意義を理解するのにまことに有効である。

最もわかりやすい事例は、利賀（とが）山房だ。鈴木忠志の一座は、一九七六年に、あえて東京を捨て、辺境の中の辺境とも呼ぶべき山村利賀（現・富山県南砺市）に移ってきた。近代化が、都市化をその中核に含んでいることを考えると、利賀という場所自体が、近代化の過程からとり残された断片、つまりスパンドレルのようなものだと言えるかもしれない。その利賀には、合掌造りの民家がいくつか残っていた。利賀山房は、その民家を改造した劇場である。

利賀山房が、外適応の概念で把握できることは明らかであろう。合掌造りは、日本の伝統的な拡大家族の生活に適応した大型民家である（ブルーノ・タウトは、伊勢に代表される神殿や桂に代表される宮殿と並べて、合掌造りを日本の典型的な家屋と見なしている）。合掌造りは別に、後で劇場に転用しよう、と企図して造られていたわけではない。能舞台のような劇場としての機能は、まったくの、意図せざる副産物である。磯崎新の設計は、合掌造りの民家がもっていたポテンシャルを引き出し、劇場へと向かう外適応を誘発したのである。

より興味深い実例は、「楕円堂」である。楕円堂は、静岡県有度（うど）山に建設された劇場である。日本の伝統的な木造の柱・梁・垂木だけで構成されている。舞台自体は、地下に設定されていて、そこに達するために、観客は、大きな窓がしつらえられている明るい一階から暗い階段を下降していかなくてはならない。その舞台には、頂部から自然光が注ぐようにできていて、その光の筋が、この建物に垂直性の印象を加えている。舞台の形状が、上から見ると楕円形なので、楕円堂と呼ばれている。

私の考えでは、この楕円堂は、全体として、スパンドレル的なものの一般化である。つまり、何か（直方体の建物）と何か（アーチ）がまずあって、その後から生まれる二次的な派生物としてのすき間ではなく、楕円堂が、最初から全体として、本源的にスパンドレル的なすき間である。このように解釈することができるのだ。この点を理解するためには、磯崎が楕円堂を設計するにあたって参照点としたという、アンドレア・パッラーディオの設計した「テアトロ・オリンピコ」

（一五八〇年）と楕円堂を比較し、両者の相違を見るのがよい。磯崎自身があるところで、かなり詳しく自分の楕円堂とパッラーディオのテアトロ・オリンピコとの関係を論じているので、われわれはこれを参考にすることができる。

テアトロ・オリンピコは、ギリシャの半円形劇場をベースにして、これを室内化した劇場である。建築史的には、近代劇場の嚆矢（こうし）と見なされてきた。楕円堂との最も重要な相違に関係している部分だけ述べておこう。当然と言えば当然だが、テアトロ・オリンピコには、観客席のエリアと舞台とがある。後者から前者を隔てる境界線が、芝居の内と外とを区別している。こんなことはあまりに当たり前のことだと思われるかもしれない。劇場としての最小限の条件だからだ。しかし、次の点に留意しておく必要がある。舞台（芝居の内）と観客のエリア（外）との間の一義的な区別が否定していること、それは、どちらにも還元できないスパンドレル的な残余である。楕円堂との違いは、ここにある。

順を追って説明しよう。楕円堂の一階、正面背後には大きな出窓があり、そこからは富士山が遠望される。富士山は、言うまでもなく、日本の代表的な神体山である。ここで、磯崎は、日本の演劇の起源の様態を意識している。折口信夫によれば、能の前駆形態である田楽は、神体山から降臨してきた神に祝言を伝える儀式であった。だから、磯崎としては、遠望される富士山を借景とした舞台を、一階に造ることもできたはずだ。そうすれば、楕円堂もテアトロ・オリンピコと同じく、室内化された野外劇場になっていただろう。この場合には、建築物の内部と外部の区別も一義的で明快になる。だが、磯崎はそうしなかった。先にも述べたように、舞台に達するためには、暗く、遠近感が乏しい階段を通って、地下のレベルに降下しなくてはならない。

こうして、観客は、内の内、内のさらなる内側へと誘われる。その究極の内奥に達したとき突然、観客は、外部から垂直に射し込む光に出会うようにできている。つまり、内の内へと入り込んだとき、建物の表皮があたかもめくれ返ったかのように、外に到達するようにできているのだ。ここで人は気づくのである。椿円堂は、内と外との区別を横断するようにできており、全体として、内側にも外側にも還元できない中間の残余として、すき間として構築されていたということに、である。この意味で、椿円堂そのものがスパンドレルなのである。

それだけではない。中で演じられる芝居との関係で、もっと大事なことは、次のことである。地下階に入ってみると、観客はびっくりすることになる。何と、そこには舞台と観客席との空間的な区分がなく、両者が一体化しているのだ。観客が俳優と同じ平面で芝居を観ることになる。あるいは、観客が舞台にあがり芝居を観る、と言ってもよい。ここに、椿円堂とテアトロ・オリンピコの決定的な相違がある。こんなふうに想像してみるとよい。たとえば、観客席と舞台とを造ったとき、何らかの構造上の事情から、スパンドレル的な残余ができてしまったとしよう。その残余は、舞台でもなければ、観客席でもないすき間である。そのすき間をどんどん拡張して、それが、舞台と観客席を呑み込んでしまったらどうなるのか。それこそ、椿円堂の地下階であり、舞台＝観客席の平面ではないか。

あるいは、次のような想像もよい。磯崎は、観世寿夫の言葉、「能舞台は観客の中に押し出された立方体の空間であり、その中で演者は、前後左右からの無限の不可視の力を感じて演じる」という趣旨の言葉を好んで引用している。この観客の中へと押し出された空間を、さらに押し出し、ついに観客の中に溶け込ませたらどうなるか。そうすると、椿円堂の舞台が得られるだろう。

観世寿夫のこの言明は示唆的だ。演者が、不可視の力を感じるのは、彼が観客の視線や息づかいのただ中に置かれているからである。その力は、もちろん、観客の方からやってきている。椿円堂は、舞台を観客席の中に溶解させることで、その力をいっそう感知しやすくしたのである。誰にか。演者と観客の両方に、である。こういう状態の中でこそ、演技が、行為が生成する。スパンドレル＝すき間は、その生成の場である。

進化生物学者が、外適応という概念を発明し、スパンドレルに注目したとき、彼らは、生命の発生や展開もまた、この種のすき間においてこそ実現することを直観していた。冒頭に述べたように、ラウプは、そのような発生や展開の様相を「理不尽な wanton」と形容した。それらが、あらかじめ決められているルールの下での行儀のよいレースのようには進行せず、偶発的な出来事を起点とする創造的過程として反復されるからである。磯崎新は、これと同じような理不尽な生成を絶えず誘発するすき間（スパンドレル）として、建築を構想し、実現しようとしてきたのではないか。私にはそう思えるのだ。

中村哲

積極的中立の提案

アフガニスタンの復興支援に携わってきた組織やグループはたくさんある。国連関連のいくつもの組織が、また世界各地からやってきたＮＧＯが、アフガンの人々を助けようとしてきた。しかし、中村哲さん（とペシャワール会）ほど広く現地の人々に慕われ、実際に、多くの人々を救い得たグループはほかにない。いや――あえて誇張して言うが――、アフガニスタンの国民にほとんど全員一致に近いかたちで喜ばれ、実質的に効果がある支援をなしえたのは、中村さんたちだけだったのだ。どうして、中村哲さんだけが、アフガンであれほどまでに歓迎され、大きな成果をあげることができたのか。

中村さんたちは、各地で井戸を掘り、用水路を造った。中村さんのもともとの仕事は医者だったが、医療活動だけを行ったわけではない。中村さん自身の言葉を使えば、「薬では飢えや渇きは治せない」からだ。医療というのは、いわば、人生の非常事態（病）への対処だが、中村さんはそれ以前に、日常の生活の基盤を、つまり「毎日、仕事（農業）をして、仲間と一緒に食事をとること」という基盤を立て直すことを優先した。アフガニスタンでは、その日常が全体として非常事態へと転じてしまっていたからである。

こうした活動にあたって、中村さんを導いた最も基本的な方針、それは、徹底した現地主義である。中村さんたちペシャワール会の人たちは、現場に立ち、現地の人々と一緒に活動した。現地の人々を巻き込み、それ以上に現地の人々に巻き込まれながら。中村さんは、ペシャワール会に関して、ときに「日本人の青年が現地の人々を率いて井戸を掘った」といった論調で日本の新聞等が紹介することを嫌った。もともとシャベルの使い方すら知らなかった日本の青年の方こそ、現地の人々に教えられ、率いられていたからだ。

現地主義ということは、もちろん、現地の価値観や習慣を尊重し、前提にする、ということを含意している。それだけではない。もっと重要なのは、現地の技術、現地で実現可能な技術だけを用いることである。井戸や用水路は、「先進国」の最新の掘削機やポンプを使えば、速く、そして早く造ることができる。実際、中村さんたちとは異なるNGO、欧米からのNGOはすべて、そうやって井戸を掘った。しかし、中村さんたちは、現地でも実現しうる伝統的な工法を用いた。なぜそうするのか？　最新の装置や機械を必要とする井戸や用水路はすぐに使えなくなってしまうからだ。たとえば不具合を修繕するために必要な部品が、現地で入手できなければ、もうおしまいである。井戸でも用水路でも長く維持されるためには、現地で調達可能な技術や道具だけを用いて造らねばならない。たとえば中村さんは、アフガニスタンの用水路に、江戸時代に使われていた「石張り式斜め堰」の構造を応用した。

要するに、中村さんは一人のアフガンとして活動したのだ。もう少し含みのある表現で言い換えれば、中村さんは、現地の人たちとともに同じ困難の中に立ち、一緒に苦しんだのである。だが、そうだとすると、とてもふしぎなことが起きていたことに気づく。

中村さん自身が現地の人々の中に溶け込んでいるのだとすれば、どうして、現地の人々だけで困難を乗り越えることができなかったのだろうか。現地で実現可能な技術だけが用いられているのであれば、どうして、現地の人々だけで自発的に問題が解決されなかったのだろうか。どうして、中村さんが必要だったのか。

この疑問の中心には、紛争処理の問題がある。アフガニスタンでは誰が味方であるとも、誰が敵であるとも確定できない錯綜した紛争がずっと続いている。それだけではない。たとえば一本の用水路は多くの現地人に恩恵をもたらすが、その恩恵は全員に平等にゆきわたるわけではない。井戸も用水路もまた紛争の原因になりうる。どうして中村さんはこうした紛争を圧倒的に緩和することができたのか。ときに表沙汰になり、ときに潜在的な火種にとどまった多くの紛争のほとんどを中村さんは解消し、現地の大半の人を満足させ、納得させた。こうしたことは、現地の人々だけでは、ほんのわずかも前進させることができなかったことである。どうして中村さんにはできたのか。

中村さんが立派だったから（それは事実だが、ただの同語反復（トートロジー）である）とか、現地の人が愚かだったから（欧米の援助者の多くが密かにそう思っているが、中村さんが書いていることから明らかなように、これは事実にまったく反する）とか、というのでは答えにはならない。

*

私の考えでは、中村さんが現地の人にとって、圧倒的な両極性をもっていた、ということに謎を解く鍵がある。述べてきたように、中村さんはすでにまったきアフガンであり、現地でともに苦しむ者だ。同時に中村さんは、アフガンから見ると、まったき異邦人で、外来者である。中村さんは、一人のアフガンになると同時に、日本人であるというアイデンティティをも手放さなかった。私は、何度か中村さんとお会いする機会があったが、中村さんは「日本人の沽券」とか「日本人としての信義」といった語を、好んで用いられた。

この二重性がどのような効果をもつのか。その複雑なメカニズムを説明する余裕はないので、暗示だけを記しておこう。とても意外だと思うだろうが、中村さんについてのこの謎を解くことは、西洋の哲学・神学の歴史の中で最もタフな難問を解くことでもある。タフな難問とは、キリスト教の三位一体論である。三位一体は、「父なる神」と「子なるキリスト」と「聖霊」が、三つにして同一の実体である、とする教義だ。ちょっと聞いただけでは、何を言っているのかさっぱりわからない。なぜ三つなのに一つなのか。宗教の教義にはしばしば「合理的な核」のようなものが含まれている。宗教を信ずる必要はないし、信ずることも難しいのだが、そうした合理的な核は現代人にとっても価値があり、教訓的だ。三位一体も、そうした合理的な核の一つである。三位一体論は、熱心なクリスチャンにとってだけ重要な、煩瑣な神学的問題だと思うかもしれない。しかし、これが、中村さんの活動に即して述べてきた謎を解く鍵にもなっているとしたらどうか。この教義に、アクチュアリティと普遍的妥当性が宿っていることになるだろう。

三位一体と言うが、この教義を難しくしているのは、実は「子なるキリスト」である。神と聖霊だけであれば簡単だ。聖霊というのは、信者たちの共同体のことだと思えばよい。その共同体の連帯は、彼らが共通に信じている神において表現されている。そう考えれば、聖霊と神は同じことの二つの側面であるとわかる。

だが、「子なるキリスト」はどうして必要なのか。私は、ここにはある洞察が込められていると考える。信者の共同体が真に普遍的なものになるためには、つまり共同体が誰をも迎え入れるような無限の包摂性をもつようになるためには、子なるキリストが導入される必要がある、と。一方で、キリストは、私たちと変わらない一人の人間である。福音書は、キリストが人間たちの中に入り、ともに苦しんだことの記録だ。他方で、キリストは神である。十字架の上で亡くなったのは、ほかならぬ神だった。

キリストの本質は、まったき人間にしてまったき神である、という不可能な二重性にある。この二重性を、中村さんがアフガニスタンの人々にとってもった二重性と重ね合わせて考えることができる。まったきアフガンにして、まったき異邦人としての中村哲さん。キリスト（神の受肉）は、共同体の範囲を普遍化する効果をもった。同様に、中村さんの活動は、現地の敵対関係を相対化し、共同性――「私たち」と見なす仲間――の範囲を区切り直す効果をもったのだ。

*

最後に、私は、中村さんの事績から得られる教訓をもとにして、日本人のために一つのことを提案しておきたい。それは、中村さんの遺志を積極的に継承することでもあると信ずる。憲法九条にかかわる提案である。積極的中立、これが提案のエッセンスだ。

九条との関連で、日本も正式な軍隊をもつべきであるとか、自衛隊の存在を憲法に書き込むべきだとか、といったことが言われているが、私は、現行の九条を文字通り実行すべきだと考えている。文字通りの実行とは、さしあたっては、軍隊をもたない絶対平和主義である。しかし、それは具体的には何をすることなのか。一般には、その含意は、戦争や紛争に介入せず中立を保つことだと考えられている。そして、中立とは、戦争や紛争が終わるまで、外から眺めていることだ、と。

だが、考えてみると、これは、利己的な態度でもある。誰かが紛争を解決するまで、自分は何もしない、平和になってから協力しましょう、と言っていることになるからだ。つまり、これは、平和へのただ乗りである。「集団的自衛権」といったことが主張されるのも――好意的に解釈すれば――、こうしたただ乗りを善しとしない、からだ。とはいえ、集団的自衛は、九条の理念の放棄であり、普通は紛争の火に油を注ぐことにつながっていく。

それに対して、私は積極的中立という政策を提案したい。AとBとの間に紛争があるとき、その紛争が終わるまで座して見ている、というのが普通の意味での中立、消極的中立である。積極的中立とは、紛争当事者のどちらをも――どちらが善でどちらが悪だという判断とは独立に――、紛争が生じている渦中であっても、非軍事的に援助する、ということである。すぐにわかるだろう。積極的中立とは、要するに、中村さんがアフガニスタンでやっていたことの一般化にほかならない。

これを国として実行したらどうだろうか。たとえば自衛隊を軍隊化するのではなく、積極的中立の実行のための組織へと再編するのだ。

非軍事的な復興援助は、普通、紛争そのものの解決にはならない、と考えられている。それは、紛争がもたらした負の産物を修復するが、紛争そのものを解消しない、と。しかし、そうではない。中村さんを見よ。純粋に非軍事的な援助だけで、紛争を緩和したではないか。それは、三位一体の教義の中で理論的に直観されていたことの、具体化でもあった。今度は私たちの順番である。中村さんからバトンを受けとるとは、積極的中立をこの国の基本方針とすることだと、私は考える。

吉本隆明

「関係の絶対性」に殉じた思想

吉本隆明の一生は、結局、「関係の絶対性」に殉ずる生涯だったのではないか。「関係の絶対性」は、吉本の初期の概念だが、それは一体どういう意味なのか。吉本から継承すべき概念の一つとして――あるいは態度の一つとして――、この概念を挙げておきたい。

この概念は、吉本の初期の著名な評論「マチウ書試論」で提起される。これは、マチウ書の、つまり「マタイ福音書」の記者の思想形成について論じた評論である。共同体の支配的な秩序――後期ユダヤ教の世界――から疎外された人物が、その疎外感をバネにして思想を創出し、現実に対峙する。このとき思想創出者がどのような心理状態の中でそれをなさざるをえないのかを解析することを通じて、思想形成の一般的な困難を提起しようとしたのが、この評論である。

マタイ福音書の記者は、イエスを旧約に予言されていた救世主に仕立て上げようとしている。吉本は、これを「史上最大の詐術」とまで言っている。だが、それが詐術かどうかということよりも思想的に重要なことは、後期ユダヤ教から原始キリスト教を分かとうとした論者が、旧約の神の自然神的残滓をできるだけ否定し、倫理神として純化しようとしたこと、すなわち普遍宗教としての徹底化をはかろうとしたことにある。吉本は、マタイ福音書の記者が記す「イエスの言葉」を取り上げながら、それらが、敵であるユタヤ教に対する近親憎悪や、ユダヤ教からの弾圧からくるルサンチマンを基礎においていることを徹底して暴きだす。だが、吉本は、こうした点に単に否定的であるだけではない。というより、彼は、こうした点をもつ福音書記者に、かなり共感的・同情的でさえある。

ここで吉本が提起しているのは、「思想の相対性」の問題である。思想の正しさ、思想の普遍的な妥当性に対して、いかにその思想を唱える当人か強い信を覚えていたとしても、そのこと自体は、妥当性をいささかも保証するものではない、というわけだ。この評論の文脈に即して言えば、マタイ福音書の記者のキリスト教への確信は、倒錯心理の表れであって、キリスト教のユダヤ教への優位を、つまりキリスト教がユダヤ教よりも普遍的であることを証明するものではない。無論、ここに、われわれは、吉本の敗戦体験の反響を読むことができる。敗戦時、二〇歳だった吉本は皇国思想の妥当性に確信をもっていた。それが、戦後、誤りであるとして退けられるのだが、それならば、新たに与えられた思想の妥当性はどのように保証されるのか。もはや、それは、内的な確信ではありえない。かつては、「誤った思想」に関してこそ、確信を抱いていたのだから。

この思想の相対性に抗するものとして吉本が提起した概念が、「関係の絶対性」である。

人間と人間との関係が強いる絶対的な情況にあってマチウの作者は、「それなのに諸君は予言(ママ)

者であるわたしを迫害しているではないか。」と主張しているのである。これは、意志による人間の自由な選択というものを、絶対的なものであるかのように誤認している律法学者やパリサイ派には通じない。関係を意識しない思想など幻にすぎないのである。それゆえ、パリサイ派は、「きみは予言者ではない。暴徒であり、破壊者だ。」とこたえればこたえられたのであり、この答えは、人間と人間との関係の絶対性という要素を含まない如何なる立場からも正しいと言うよりほかないのだ。秩序にたいする反逆、それへの加担というものを、倫理に結びつけ得るのは、ただ関係の絶対性という視点を導入することによってのみ可能である。

関係の絶対性を前提にしなければ、パリサイ派はマタイ福音書の記者を「暴徒」として否定することもできた——逆に、マタイ福音書の記者が同じように、自身の「正しさ」を言い張ることもできた。もし、後者を「倫理」（普遍的妥当性）へと上向させるものがあるとすれば、それは「関係の絶対性」という視点のみだというわけだ。しかし、それがどのような意味なのか。これだけでは、まだわかりにくい。

　この点を理解するためには、同じ時期に書かれた「転向論」に目を向けるのがよいだろう。この論文の中で、吉本は二種類の転向があるとして、それらをともに批判している。一つは、共産党幹部だった佐野学と鍋山貞親に代表されるような、典型的な転向である。佐野と鍋山は、治安維持法に基づいて官憲に逮捕され、獄中にあった昭和八年、コミンテルンの指示に従っていた当時の日本共産党の方針（天皇制打破、帝国主義戦争不支持）を撤回するような論文を、『改造』に掲載した。

これがきっかけとなって、獄中にいた多数の共産党員が連鎖反応的に共産主義を放棄することになった。こうした経緯はよく知られている。

吉本が、「転向」と見なしたのは、こうした人たちだけではない。普通は、むしろ「非転向」とされる人々、つまり獄中にあって自身の思想を捨てずに貫いた、小林多喜二、宮本顕治、宮本百合子、蔵原惟人などもまた、吉本に言わせれば転向者なのだ。吉本は、この第二のタイプの転向に対して、第一のタイプに対して以上に厳しい。だが、志操堅固であると称賛されているこれらの人々もまた転向と解されるのはどうしてなのか。彼らこそ、むしろ、非転向と見なすべきでないのか。実際、吉本も、この第二の転向を、「非転向的『転向』」といった自家撞着的な語で指示している。この「非転向」的な態度もまた、転向であるとされる理由を理解すると、関係の絶対性ということの意味も明らかになってくる。

吉本は、次のような趣旨のことを述べている。日本のインテリゲンチャは、皆、近代主義者である。彼らは、西洋から輸入した万国共通の論理記号をもって語る。こうした記号は、だから、日本の現実との格闘の中から創出されてきたものではない。第二のタイプの転向者たちが、自分の「思想」を捨てずにすんだのは、その「思想」が、まったく日本の現実から遊離していたからである。つまり、彼らが、大衆からの孤立を強いられていたときに、自分の「思想」を貫くことができたのは、彼らの言っていたことがもともと、現実とかかわりをもたない空疎なものだったからである。吉本の目には、これは、非転向の外観をもっているが、普通の転向者よりももっと質の悪い転向として映った。

第二のタイプの転向者も、つまり一見思想を一貫して保持したかのように見える人々もまた転向したとされる根拠、それこそ「関係の絶対性」という視点の欠落にほかならない。彼らもまた、日本の現実という社会的な関係性の中に内在していて、そこから逃れられるはずがない。ほんとうは、関係は絶対的に彼らに取り憑いているはずだ。にもかかわらず、彼らは、その外部に超然としているかのように思想を語り、書いたのである。彼らがその「思想」を貫くことができたのは、その「思想」が、自分自身が内在している関係から遊離していたからである。そのような思想は「思想」に値しない。これが、吉本の考えではなかったか。

それならば、「関係の絶対性」を引き受けている思想とは、どのようなものだったのか。吉本は「転向論」の中で、中野重治だけを、知識人として、ほとんど唯一、高く評価している。中野は、昭和一〇年に「村の家」という私小説的な短編を書いている。主人公の勉次は、官憲に屈して転向を誓い、故郷の村に帰ってきており、土蔵の中で翻訳などをしながら暮らしている。その勉次に、あるとき、村の名士と思われる父親の孫蔵——この人物は学校教育こそたいして受けてはいないが、村の中でかなりの尊敬を受けているようだ——が語る。「いままで書いたものを生かしたけれや筆ア捨ててしまえ。それや何を書いたって駄目なんじゃ。いままで書いたものを殺すだけなんじゃ」。

勉次は、孫蔵から「どうしるかい」と詰め寄られる。勉次は、決めかねるが、しかし「いま筆を捨てたらほんとうに最後だ」と思い、父親にこう答える。「よくわかりますが、やはり書いて行きたいと思います」と。父親との対決を経たことで、勉次の思想に、関係の絶対性が織り込まれる。吉本の論に従って、説明しよう。

孫蔵から見れば、勉次は、革命だ、権力闘争だとカッコいいことを説いているが、捕えられて脅されれば、簡単に主義主張を放棄してしまうような、地に足のつかない軽薄なインテリに過ぎない。父である孫蔵は、日本の最も良質な庶民の感覚として、現実認識の厳しさを教え、息子勉次をたしなめる。このとき、勉次には、「日本封建制の優性遺伝の強靭さと沈痛さにたいする新たな認識がよぎったはずである」と吉本は論ずる。勉次は、父との対面を通じて、己を規定する関係の内側から、つまり「日本封建制」という関係の内部から、それを突き破るようなかたちで思想の普遍性を育て上げる覚悟を獲得するのである。

思想の普遍的な妥当性は、もちろん、思想が、それが生まれる関係の特殊性を超えることを要請している。しかし、そうした超越は、関係の内側から、関係の絶対性を全面的に引き受ける形式でしか可能ではない。これが吉本隆明の認識ではなかっただろうか。吉本の晩年に至るまでの饒舌に、「よくわかりますが、やはり書いて行きたいと思います」という勉次の決意の継承を感じる。勉次のこの言葉に対して、父孫蔵は、「そうかい……」と「言葉に詰ったと見えるほどの侮蔑の調子でいった」とある。勉次も吉本も、こうした侮蔑に抗して書き続けた。

中上健次

いかにして〈路地〉を普遍化するのか

1

中上健次の二つの長編小説、『野性の火炎樹』と『熱風』。どちらも中上の作品としてはめずらしく、ほとんど批評や研究の対象とはされてこなかった。だが、決して、中上にとってマイナーな作品というわけではない。それどころか、どちらも、『地の果て 至上の時』(一九八三年)以降の中上の試みを代表していると見なすこともできる。

『地の果て 至上の時』が転換のメルクマールになるのは――とりあえずごく表面的なことに着目して言えば――、この小説で、それまでの中上作品にとって拠点だった「路地」が消滅してしまうからだ。路地は、都市の再開発によって消えてしまう。この事態を承けて、中上は、基本的には、路地という本来の拠点に対して、いわば遠心的に対応した。つまり、登場人物たちが路地の外へと向かう小説を書いたのだ。このような方向性をもつ作品には、さらに二つの系列がある。一つは、路地のオバらが、改造トレーラーに乗って、路地の外へと旅立っていくという話で、『日輪の翼』（一九八四年）から『讃歌』（一九八七年。単行本、九〇年）へと展開していく。社会的実体としての路地はなくなったが、路地の路地性は、オバらに体現されて拡散していくのだ。もう一つの系列は、さらに遠心力が強い。路地との関係があいまいな登場人物たち、路地との何らかの関係があるのだろうが、その関係が象徴的であったり、間接的であったりする登場人物たちが、国境を越える旅に向かおうとする小説だ。この系列の代表は、未完の遺作『異族』（一九八四～八八年。単行本、九三年）である。

他方で、中上は、路地に、あえて求心的に回帰する小説も書いた。『地の果て 至上の時』の前の——いやほぼ同時期に属する——連作の短編小説を集めた『千年の愉楽』（一九八〇～八二年）が、この流れの源泉にある。ここから派生した重要な長編小説が『奇蹟』（一九八七～八八年）である。この系譜の作品は、基本的には、路地の産婆オリュウノオバの視点から、路地の若衆、とりわけ「高貴にして澱み穢れた血」であるところの中本の一統に属する青年たちの短い生涯を語る、というスタイルになっている。『奇蹟』の主人公タイチも、またイクオも中本の一統である。

『地の果て 至上の時』以降の系列の中で、『野性の火炎樹』と『熱風』は、どこに位置づけられるのか。この二作は書かれた時期が異なるが、どちらにも、以上に略述したすべての流れが入り込んでいる、と言ってもよいのではないか。

『野性の火炎樹』は、『地の果て 至上の時』が出版されてから一年半ほど経った、一九八四年一二月から翌八五年一〇月にかけて連載された。主人公は、マウイ（マサル）という名の黒人の若者である。彼が、フジナミの市を出て、東京に行き、フィリピンのダバオへと渡る直前までが描かれる。このようなプロットの骨格を見れば、この小説がまずは、路地に遠心的にかかわる小説の系列、特に主人公が国境を越える旅を指向するタイプに、つまり『異族』に向から系譜に属していることがわかる。実際、マウイは、『異族』にも登場している。つまり、『野性の火炎樹』は、『異族』のサイドストーリーとして読むことができるのだ。現に、『野性の火炎樹』は、『異族』の連載が進む中で書かれている。

だが、『野性の火炎樹』を構成しているのは、この系列だけではない。この小説は、路地へと求心化していく作品、つまり『千年の愉楽』に由来する作品でもある。マウイは、中本の一統に属している。肌の色が黒いので、彼は混血児なのだが、ときにその黒ささえも、中本の血の因果の濃縮度の表現として、つまり「焼け焦げたような黒い肌を持って産まれ出た」ほどの中本の正嫡であるとして、解釈されている。そして何より、注目すべきは語りの構造である。『野性の火炎樹』の現在、オリュウノオバはとうの昔に死んでいる。しかし、路地からフジナミの市の高台にある病院に移植された夏芙蓉の木の下に集った、路地出身の飯場の男たちとこの病院に入院中のオバたちは、オリュウノオバの幽霊を見る。この幽霊のようなオリュウノオバのまなざしを通して、マウイのことが語られるのだ。さらに、後で述べるが、『野性の火炎樹』には、『奇蹟』に対応する人物もいる。このように、この作品には、『地の果て 至上の時』以降の中上作品の複数の流れが合流している。

『熱風』は、最晩年の中上がもっていた連載（一九九一年四月〜九二年二月）の一つで、すでに十分な長編だが、結局、中上の死によって未完に終わった。主人公は、タケオ・ナカモレという名の若者で、彼は、一個三億円もすると思われる大きなエメラルドを三個携えて、ブラジルから来日している。彼は、オリエントの康の遺児である。オリエントの康は、『千年の愉楽』の中の「天人五衰」の主人公で路地からブラジルに渡ったことになっている。オリエントの康は、中本の一統の運命に従って若くして亡くなったが、タケオという子を遺した。そのタケオが、エメラルドを持って日本に戻ってきたという設定である。この設定から明らかなように、タケオもまた中本の一統に属する。付け加えておけば、オリエントの康は、『野性の火炎樹』のマウイ（マサル）のオジにあたる。タケオとマウイはイトコ同士である。

タケオは新宿で、「毒味男」と「九階の怪人」と出会う。毒味男は、やはり中本の一統であり、九階の怪人はオリュウノオバの血縁にあたるらしい。彼らの一味は、東京で地上げ屋の男を焼き殺す。麻薬の使用を疑っているGメンが彼らの周囲を嗅ぎ回り始めたので、一味は、紀州・新宮に舞い戻ってきた。彼らの狙いは、土地の実力者である佐倉だ。佐倉は、中上の読者ならば誰でも知っているように、材木商で「路地」の土地所有者だった人物だが、『熱風』の現在には、すでに一三〇歳近くになっているはずで、生きているかどうか怪しいものである。一味は、佐倉に会う前に、新宮で、悲惨な幼児殺しに遭遇し、その犯人を探し始める。……と、書かれたのはここまでである。一味が佐倉と対決できたかどうかはわからない。

このように『熱風』は、作家の死によって未完のまま唐突に終わってしまっているのだが、ここにも、中上の小説のいくつもの系列が交錯していることがわかる。直接には、『熱風』は、もちろん「天人五衰」（『千年の愉楽』）の続編であり、したがって、路地へと求心化していく作品群の一つである。同時に、この小説は、路地から国境を越えて出ていった人物の後日談でもある。ただ、ベクトルは、今や、「路地→外国」ではなく、逆に「外国→路地」と反転している。タケオ自身は路地で生まれ育ったわけではないが、父であるオリエントの康の生をも加えれば、路地を一旦脱出した登場人物が、路地(があった新宮)へと回帰していることになる。新宮への回帰は、路地からの脱出に媒介されているわけだ。ただし、回帰してきてもすでに路地は失われている。

このように、『野性の火炎樹』にも『熱風』にも、『地の果て 至上の時』以降の中上文学のすべての系列が集まっている。ここでは、だから、これら二作品にこだわらず、中上が、『地の果て 至上の時』で、一旦、それ以前の自らの世界と決別した後、何を書こうとしていたのか、結局何を試みたことになるのかを、考えてみよう。

2

さて、秋幸三部作、すなわち『岬』(一九七五年。単行本、七六年)、『枯木灘』(一九七七年)、『地の果て 至上の時』から、かんたんに振り返っておく。この三部作が全体として、「父殺し」を主題としていることは一目瞭然である。『岬』において、主人公は、父親である「あの男」の娘――主人公にとっては腹違いの妹――と寝ることで、「あの男」に復讐しようとする。しかし、「あの男」がこんなことにいささかも動揺しなかったことが、『枯木灘』で明らかになる。『枯木灘』では、「あの男」は浜村龍造と名指され、主人公も「竹原秋幸」という名で指示される。

『枯木灘』で重要なことは、浜村龍造が、自らを「浜村孫一」なる歴史上の人物——鉄砲衆を率いて一向宗徒として織田信長と闘いながら敗れた男——の末裔を自認し、孫一が願った「仏の国の理想」を実現しようとしていることである。『岬』での復讐が不発に終わった秋幸は、『枯木灘』では父龍造への攻撃を強め、今度は、腹違いの弟を殺す。父の代わりに、その息子を殺したのだ。しかし、これによってすらも龍造はたいした痛手を被らない。かえって、「人殺しとして、六年の刑を受け、三十二になった秋幸は買いだ、と男は思った」とあるように、龍造は、自分の息子を殺した秋幸を認め、讃えるほどだ。

当然、『地の果て 至上の時』では、刑を終え、出所した秋幸によって、真の父殺しが、浜村龍造殺しがなされなくてはならない。実際、秋幸は、繰り返し、父殺しのことを思い、口にしさえする。が、結局、それは実現しない。浜村龍造の方が自殺してしまうからだ。父親の自殺を見た秋幸が、ただ一言「違う」と叫ぶシーンは、中上健次のすべての読者が知っている。

この秋幸三部作の「父殺し」のテーマについては、これまでも繰り返し論じられてきた。一つだけ再確認しておくならば、父殺しは、決して、父を乗り越えることにはならない。逆である。エディプス・コンプレックスにおいて示されているように、父は、殺されることによって、生身を離れて抽象化し、超越化する。超越化した父は、息子の内面に留まり、よりいっそう強く息子を支配することになるのだ。実際、中上の三部作でも、『枯木灘』までは、まさにその通りに展開する。秋幸が、「妹との近親相姦」「(父の代理としての)弟の殺害」と「父殺し」に迫っていくと、父である龍造の偉大さが確認される。つまり、龍造は、秋幸の攻撃を受け入れ、より超越的なレベルへと上昇する。だが、『地の果て 至上の時』において、突然、「父殺し」ということ自体が無意味化してしまう。父殺しに失敗するというより、その試み自体が意味のないものになってしまうのだ。この結末は、龍造の自殺の前から暗示されている。龍造は、秋幸の母親のフサに「秋幸さんはわしの子じゃない。わしの親じゃ」と、まるで父としての地位を降りるようなことを言っているからだ。ヘーゲルの「主人と奴隷の弁証法」のように立場が逆転するのだ。

『地の果て 至上の時』におけるこの転回は、一言でいってしまえば、近代の終焉、あるいは近代からポスト近代への移行に対応している。近代的主体を形成していた、エディプス・コンプレックスのメカニズムが失効してしまったのである。かつて私は、秋幸三部作は、私自身が提起してきた、戦後日本の（そして近代の）精神の三段階に対応している、と述べたことがある。『岬』は、（遅れてきた）「理想の時代」に、『枯木灘』は、「虚構の時代」に、そして『地の果て 至上の時』は、（先取りされた）「不可能性の時代」に、対応している（「「未来の他者」と中上文学」『kotoba』二〇一六年冬号）。

この転回の過程で、先にも述べたように、中上（の主人公）の想像力と抵抗の拠点であった路地が消滅する。路地は再開発の波に呑まれてしまったのだ。路地を破壊した力を、最も基本的なレベルで捉えるならば、結局、資本主義だということになるだろう。資本主義的な生産様式と交換様式の中で、路地は消滅を余儀なくされたのである。

3

近代の基本的な論理である「父殺し」が失効し、また路地という拠点を失ったとき、これに中上はどう対抗したのか。『地の果て 至上の時』以降の中上の文学の展開を、われわれは冒頭に見ておいた。そこから、何が賭けられていたかは明らかであろう。〈路地〉の普遍化である。「路地」という物理的空間の消滅は、〈路地〉の原理そのものの消滅を意味するわけではない。ここに路地がないのであれば、世界中の至る所を路地にしてしまえばよい。路地の原理を、あらゆるところに散種すればよい。つまるところ、世界を路地にしてしまえばよいのだ。だから、路地のオバたちは改造トレーラーに乗って、新宮から飛び出していく。中本の一統は、ついに国境を越えていく。

とはいえ、路地に縁をもつ者が移住すれば、そこに路地ができあがるわけではない。路地という特異な場の普遍化は、そんなにかんたんなことではない。そこには、決定的な困難がある。その困難との苦闘、ほとんど勝ち目のない闘いが、中上の後期の小説群ではなかったか。

それにしても、普遍化が目指されている〈路地〉の原理とは何か。そのことを説明する前に、中上が、路地をロマンチックに理想化していたわけではない、ということを強調しておかねばならない。中上は、路地がすばらしい所だったなどとは、これっぽっちも思ってはいない。むしろ路地に徹底的に批判的である。浜村龍造の視点から、路地は、次のように語られている。「路地は若い浜村龍造には、道徳のない、嘘や猜疑やねたみの渦巻くところだったし、人間が衝動だけで姦し、親のない子がまた親のない子をつくる繰り返しを平然とやってのける、平べったいただ地面にへばりついた人間をひりだすようなところだった」。路地は、被差別部落として町の中心から分離されているわけだが、路地自体にも、同じ差別の構造が、つまり排他性が備わっていた。路地は「他所から流れて来た者には、危害を加える怖れがなく自分より無能なら、あたうる限り優しく親切だったが、知恵があり元気がある者に対しては排除し、閉め出し、あらん限りの噂の種にした」（『地の果て至上の時』）。こうして排除された知恵と元気がある者の一人が、浜村龍造だった。

だから、中上＝秋幸は、路地の破壊を目指す龍造に共感してもいる。路地が、自分自身の根拠であるにもかかわらず、である。がそれでもなお、中上は、〈路地〉に肯定的なアスペクトがあると見てもいる。中上は、路地を脱構築（ディコンストラクト）して、その肯定的なアスペクトを取り出そうとしていた、とも言ってもよいだろう。その肯定的なアスペクトとは、何か。かつて、柄谷行人は、「差異の産物」というタイトルの中上健次論を書いた。このタイトルは、中上の「私は差異の産物だった」という言明を典拠としている。ここで、中上が「差別」と書かず、「差異」と書いていることが重要だ、と柄谷は言う。〈路地〉の肯定的なアスペクトとは、私の考えでは、まさにこれである。つまり、差異（化）だ。いかなる同一性への凝固も許さない、徹底的な差異（化）。それが〈路地〉に潜在する肯定的なアスペクトである。

だが、なお問いたくなる。差異（化）の原理とは何であろうか。今しがた、浜村龍造の視点からの路地批判を引用したが、その批判の言明の中にも、すでに差異（化）の原理への暗示は含まれている。確かに、路地の人々は、龍造を差別したのだが、「他所から流れきた者に……あたうる限り優しく親切」な側面もあった。この他所者（差異）の包摂は、路地の差異化の原理の一局面である。

いずれにせよ、徹底的な差異化とは何かを理解する最もよい方法は、中上健次の文体を見ることである。それが最も手っ取り早い。中上の文章は読みにくい。読むのにたいへん骨が折れる。その原因は、極端に込み入った複文が多いことにある。そのような文は、中上の作品のどこからでも引くことができる。たとえば、『野性の火炎樹』の冒頭付近から拾ってみよう。路地の老いた女の一人が、ずっと昔に死んだオリュウノオバを見た、と主張する場面だ。

小鳥らを魅き寄せる花が今をさかりと満開になった頃、向井織之進の病院の一室を妊婦でもないのに占拠するようにして住みついていた女の一人が、木の下にオリュウノオバが立ってい た、と言い出した。

このくらいであれば、さして難しくはないが、すでに、通常の作家にはない生理がこの文にあることがわかる。主節「女の一人が、……言い出した」に直接埋め込まれている「木の下にオリュウノオバが立っていた」はごく自然にはまっていて、ここになくてはならないものだが、その主節を副詞的に飾る他の従属節、すなわち「小鳥らを魅き寄せる花が今をさかりと満開になっ」ているとか、女が「向井織之進の病院の一室を妊婦でもないのに占拠するようにして住みついていた」という従属節が、その補助的な役割を越えて、自己主張しているという印象を与えるだろう。さらに、これに続く長い文は、中上の文体の特徴をよく凝縮している。

女の言い方が「死んだオリュウノオバがおった」という妙な言い廻しだったので、最初誰も本気にせず、死んで何年も経った人間がどうしてそこにいるのか、路地からそのフジナミの市まで歩きかねる老婆がどんなふうにして来れるのか、と突飛さを笑ったが、一日たち二日たち、産婦人科の病院にいた女の方も、同じ病院の敷地内の飯場にいた男らの方も、朝毎に耳にする金色の小鳥の鳴き声にさとされたように、仏につかえた礼如さんとつれそって生きて来たオリュウノオバだから姿を見せても当然だと思うようになり、そのうち木の下に現われたのは、オリュウノオバそのものではなく、死んで葬られ霊魂となったオリュウノオバだと気づいたのだった。

このような文、すなわち文の中に文が入れ子状に組み込まれることを、生成文法では「再帰recursion」と呼ぶ。文法的に説明すれば、この文には、再帰が繰り返し、何段階も使われている、ということになるのだが、そんな解析はどうでもよい。問題は、どうしてこのような文になるのか、なってしまうのか、である。書いている者が自己を投影する視点が、次々と移動し、ときに反転し、また反転し、移動する……からである。この文では、「女の視点→（死んだオリュウノオバの視点）→フジナミの市にいる女と男の視点→老婆＝オリュウノオバの視点→女と男の視点→小鳥の視点→礼如さんとつれそった在りし日のオリュウノオバの視点→女と男の視点→幽霊としての現在のオリュウノオバの視点……」といった具合に視点が、時空間の境界を越えて、自在に偏心（へんしん）し、反転している。いうまでもなく、この文全体を統括しているメタレベルの視点は、あれは「霊魂となったオリュウノオバだ」と納得する病院の老女たちと飯場の男たち——つまり路地出身の女と男——の視点ではあるが、次々と現れる視点たちが、それぞれに存在感をもって自立しようとしており、まるで、いずれか特定の視点が超越的なメタレベルに立つのを阻もうとしているかのような印象を与える(だから、読む者には、この文は、最終的にどの視点に帰属する状態の叙述なのかがわからなくなり、読解が難しくなる)。

差異化の原理とは、たとえば、このような視点の移動や反転によって視点間の差異を増殖させていく原理である。視点が一箇所にとどまらずにどうしても移動してしまう。その移動が残す視差、これが差異だ。〈路地〉は、このような差異を生み出す母胎となっている。そこで拒否されているのは、差異をその中に回収してしまう「同一性」を凝固する超越的な視点である。振り返ってみれば、秋幸三部作の父殺しが目指していたものも、超越性の拒否であった(もっとも、先に述べたように、父殺しは、仮に成功したとしても、それによって父の超越性は否定されることはなく、かえって、あらためてより高いレベルに措定されるだけなのだが)。

路地を舞台にして、差異と同一性が闘争する。淫蕩にして「高貴で汚れた血」、中本の一統は、この闘争の結果の指標のようなものになっている。中本の一統の男は異様に美しく、どんな女をも魅きつける。だが、輪廻の因果の法則によって、彼らは皆、男盛りの年頃に若死にする宿命にある。この宿命は、同一物の反復という形式をとっている。この宿命を変えることができるのか。変えることができれば、差異が勝利したことになる。『野性の火炎樹』では、中本の一統のマウイは、もともとマサルと呼ばれていた。マサルからマウイへ名を変えることで、同一性の呪縛から逃れることができるのか。それは定かではない。

差異化の原理は、路地そのものにも適用される。いや、それこそが、最終的な狙いだと言える。路地そのものが全体として差異化される美しい瞬間が、『奇蹟』に描かれる。路地は、今では、人口が密集したただの住宅地である。だが、そこは、かつて、仏国土を想起させる蓮池だったという伝説がある。それは、ただのファンタジーなのか。ある日、路地は、何年に一度というような激しい暴風雨に襲われた。タイチは、その日、殴り込みを予定していたのに、この天候のせいで、予定が流れ、頭にきていた。そこで、彼は、憂さ晴らしに、風に潰された家の欄間(らんま)を差し上げながら戻ると、風雨がおさまる。その後、タイチが青年会館から外を眺めると、そこに「水、いっぱい広がっとる」のが見える。この光景に「オリュウノオバは一瞬、路地が元の蓮池に戻るのだと驚」いた。つまり、伝説さながらの蓮池が現れたのだ。洪水のせいである。小説のタイトルにある「奇蹟」とは、この瞬間を指している。今ここの路地に、仏国土の痕跡が露出した瞬間である。路地は、仏国土でもあった、と。浜村龍造が――いや浜村孫一が――実現したいという願望をもっていた「仏の国」が挫折した形態のままに、つまり穢れの印（水が放つ青白い明かり）を伴って姿を現したのであろう。

このような差異（化）へのポテンシャルをもつ路地の原理を普遍化すること。開発によって消えた「路地」を、世界化した〈路地〉に置き換えること。これが、『地の果て 至上の時』以降に試みられていることである。

4

だが、いかにして〈路地〉の散種が、〈路地〉という特異性の普遍化が可能なのか。スローガンのように唱えていたら、それができるわけではない。路地の出身者が移住したところで、それが成し遂げられるわけでもない。〈路地〉の普遍化に随伴する困難との格闘こそが、中上の小説による実験だったのではないか。

まず、いかにして差異が、同一性に回収されない差異が導入されるのか。『奇蹟』の例が示しているように、差異は、とりあえずは、リアリスティックな空間（現実の人口密集地としての路地）に対するところの神話的な空間（伝説の蓮池）という形式で導入される。ここで、「とりあえずは」という留保を付けたのは、今この場にある現実の空間に対して〈差異〉として突きつけられた、一見神話的な空間が、実際には、ただの神話的な幻想の産物ではなく、リアリスティックな空間を越えてリアルであることを示すことに成功してこそ、真に差異を産出したことになるからだ。が、繰り返せば、まずは、差異は、神話的な空間の創出を媒介にして産み出される。

ここでオリュウノオバという語り部が効いてくる。神話的な物語は、路地のことをすべて知り、記憶しているオリュウノオバの語りという形式でもたらされるからだ。だが、注意しなくてはならない。オリュウノオバは、路地に外から降ってくるわけではない。オリュウノオバの語り部としての資格自体が、路地の内在的な論理に規定されている。どういうことか。先に中上の個性的な文体を引きながら述べたように、路地における差異化のメカニズムの原点は、視点の自律的な移動や反転である。移動し、散乱していこうとする視点を、最後に、オリュウノオバに集約し、そこに固定する。すると、オリュウノオバが、路地の語り部としての特権的な地位を獲得できるのである。

こうした過程を、ほとんど理想的なまでに鮮やかに示しているのが、『野性の火炎樹』の冒頭である。先に引用したように、路地出身のオバたちや飯場の男たちは、オリュウノオバの幽霊が徘徊していることを納得し始める。彼らの雑談のような会話は、やがて、飯場の中にまぎれ込んでいる「黒人のように見える少年」の話題に及ぶ。「飯場の中から、一人だけ人夫としてまぎれ込んでいる黒人のように見える少年のかける騒々しい音楽が、夏芙蓉の木の根方を監視するように涼台を置き坐った女や男らの耳に届く」。すると、オバや人夫たちは口々に、オリュウノオバのことを語り出す。オリュウノオバだったら、あの「黒んぼの子のラジオ」を聴いておもしろがるのではないかとか、オリュウノオバなら、あの子に「黒んぼの血が入っとるのか入ってないのか、一目みたら分かるけどねェ」などと。これらの発話は、もちろんすべて、夏芙蓉の周囲にいる女や男のいずれかに帰属しているわけだが、最後に、発話の主体としての地位が、つまり視点が、オリュウノオバに収斂し、オリュウノオバに奪われることになる。今引いたような、女と男の雑談に続いて、一つだけ、オリュウノオバについての客観的な描写が入ったあと、突然、次のような文が出てくるのだ。

オリュウノオバは裏山の中腹にある家の仏壇の間に老衰の身を横たえ、序々(ママ)にせばまる自分の息のかそけさに耳を澄ましているだけで、その子が路地から出て神戸のアメリカ軍バーで働いていたヨイの生んだ子だという事が分かった。

幽霊として幻視されていたオリュウノオバが、ここでまだ生きているオリュウノオバに変わり、この文は、彼女の視点からの記述を表している。これ以降、『野性の火炎樹』の物語は、オリュウノオバの視点からの語りだということになる。とはいえ、オリュウノオバは、ほとんど叙述の表面には現れない。が、まれに突然、読者に語りのスタイルを想起させるためであるかのように、オリュウノオバが語り手として浮上する。この物語の全過程を、幽霊と化したオリュウノオバがずっと見ていた、というように、である。たとえば、「オリュウノオバは中本の一統に生れた黒い肌の子マウイが、いま東京の空の下で中本七代に渡る仏の因果の徴が現われ出るのを、わが事のように苦しい息を感じながら見つめていた」などといった文が入るのだ。

しかし、語りの主体としての地位をオリュウノオバが奪い切ってしまい、そこからの視点の反転や移動がもはや起きないのであれば、オリュウノオバは、この小説にとって超越的な神の視点の持ち主だということになってしまう。差異の原理が拒否していたのは、このような超越性であったはずだ。だが、この小説は、視点をオリュウノオバの位置に固定しはしない。さらなる、視点の反転が生ずるのだ。何と、オリュウノオバによって語られている登場人物であるはずのマウイ、オブジェクトレベルにいたはずのマウイの方が、オリュウノオバの心情を察知して、彼女に語りかけもするのである。オリュウノオバのおびえに気づいたマウイは言う。

「オバ、何をおびえたと言うなよ?」

マウイはオリュウノオバに理解出来るように東京弁ではなく路地の言葉を使って訊く。

このように、オリュウノオバの視点を導入することで、リアリスティックな空間に対する差異が提示される。だが、結局は、オリュウノオバという語り部を得ても、真の徹底した差異の創出にはなりえない。このことを示すのが、オリュウノオバと礼如さんとの依存関係である。その意味を説明しよう。

産婆のオリュウノオバと毛坊主の礼如さんは夫婦である。礼如さんは死（葬式）の担当で、オリュウノオバは生（誕生）を担当する。柄谷行人が述べているように、両者は、まずは、潜在的に対立している（「小説という闘争」）。中本の一統の宿命を規定しているのは、仏教的な因果律だ。その法則の超越的な規定力を代表しているのは、一向宗の「僧」、礼如さんである。これに対して、生まれる子を取り上げ、親よりも早く抱くオリュウノオバは、中本の一統の若者たちを、予定されている宿命から、つまり仏教の因果の法則から自由にしてやりたい。

だが、オリュウノオバの語りが「真実」として通用するのは、路地の共同体が、彼女に全幅の信頼を置いているからだ。オリュウノオバの霊魂ならば、ここに来られないはずがない、オリュウノオバならば知らぬはずがない、等と、路地の人々は想定する。このオリュウノオバへの信頼は、彼女が、「仏につかえた礼如さん」とともに生きていたという事実と切り離すことができない。とするならば、オリュウノオバは礼如さんとの間に緊張関係をもちつつ、なお礼如さんの超越性に依存していることにもなる。

その結果、オリュウノオバの視点に相関して現れるのは、共同体の同一性（アイデンティティ）を確認する説話や神話のような物語になる。それは、〈今ここ〉の事実に拮抗し、それをトータルに偶有化するもう一つの現実（アクチュアリティ）にはなりえない。逆に、それは、現状を安定化し補完する夢である。オリュウノオバが、中本の一統の若衆の長命を切望しているのに、彼らがすべて結局は呪われた血の宿命に従わざるをえないのは、つまり共同体の神話が予定している役割を彼らが反復するしかないのは、このためである。オリュウノオバは、礼如さんの束縛から逃れられない。

5

『奇蹟』において、「オリュウノオバ－礼如さん」の視点に、もう一つ視点が加わらなくてはならなかった必然性は、以上のことにある。もう一つの視点、第三の視点は、トモノオジである。トモノオジは、精神病院にいて、妄想にまみれたアル中患者である。つまり、『奇蹟』は語り手が二人になる。オリュウノオバとトモノオジだ。トモノオジがオリュウノオバに対抗する。全体を包み込んでいるのは、トモノオジの方である。『奇蹟』は、中本の一統の一人、タイチの生涯を語る。中に「イクオ外伝」という、それ自体、一本の小説だと言ってもよいほどの長い章が挟まっており、ここでは、やはり中本の一統であるイクオ（中上健次の兄がモデル）の生涯が語られる。『奇蹟』は、三輪崎の精神病院にいるトモノオジのもとに、タイチの訃報が届くところから始まる。

柄谷行人も、また四方田犬彦も、それぞれの中上健次論でこの作品について同じことを指摘している。トモノオジの語りに流れる基本的なトーンは、深い「悔恨」である、と。あのときこうしていれば、タイチは死ななかったのに、といったタイプの悔恨である。「七つの大罪／等活地獄」と題された章の冒頭は、次のような長い一文である。

そもそも路地の高貴にして澱んだ中本の血のタイチをトモノオジが想い浮かべ、あの時はあだった、この時はかくかくしかじかだったと神仏の由緒をなぞるように三輪崎の精神病院で、幻覚とも現実ともつかぬ相貌のオリュウノオバ相手に日がな一日来る日も来る日も語るのは、アル中のトモノオジの深い嘆き以外なにものでもなかった。

悔恨こそ、「オリュウノオバ－礼如さん」がもたらす説話・神話への反措定である。悔恨の視線が捉えているることとは、可能的なものの現実性(アクチュアリティ)だからである。

普通、可能性にしか過ぎないことは、現実に比べて虚しい。「本気を出せばできた」「手を抜かなければ勝てた」等々といった負け惜しみや言い訳を、われわれは虚しいものとして聞く。こういう負け惜しみや言い訳に対して、こう言いたくなるだろう。「要するにあなたはできなかったのだ」「結局、あなたは負けたのだ」と。言い訳や負け惜しみにおいて言及されている可能性とは、結局、起こらなかったこと、起こりえなかったこと、不可能なことに等しい。ヘーゲルが、現実的なものだけが合理的（理性的）だと主張したのはこのためである。

それと正反対なのが悔恨だ。悔恨において想定されている可能性——「ああできたのに」という可能性——は、現実に起きたことと同じくらいに、いや現実に起きたこと以上に、鬼気迫る現実性がある。それは、ほんとうに起こりえたことなのだ。ヘーゲルは、現実的なもの（das Wirkliche）と実在するもの（das Bestehende）とは同じではないとも述べているが、この言明に含意されている「実在するものではない現実的なもの」とは、悔恨の念の中にたち現れている「現実的でもある可能性」にほかなるまい。悔恨において、実際に起きたことの同一性に還元されない差異性が、つまり現実そのものを「他でありえたこと」にしてしまう純粋な差異性が見出されている。

中上の小説では、「言葉」と結びつけて「鳥」のイメージが頻繁に登場する。『野性の火炎樹』でも、マウイは、「言葉って鳥から真似して出来たんだろ」などと言っている。なぜ鳥なのか。どうして、言葉は鳥から与えられたことになっているのか。「オリュウノオバ－礼如さん」に帰属する語りのことを思えばよい。彼らはそれぞれ生の始まり（誕生）と終わり（死）にかかわっていて、全体として、路地の各個人の人生の不可変の同一性を見据えている。つまり、彼らは、超越的な場所から俯瞰するように、路地の人々の人生を捉えているのだ。それゆえ、彼らの視点は、天空を飛ぶ鳥に喩えられる。「オリュウノオバ－礼如さん」の語りは、鳥の言葉だと見なすことができる。『野性の火炎樹』には、「天から飛来する仏の使いのような金色の小鳥」という表現もある。「仏の使い」という語が、礼如さんを連想させる。

鳥の対立項は魚である。トモノオジは、自分が魚であるという幻想をもっている。水に潜る魚は、空を飛ぶ鳥の超越性とは逆に、絶対の内在を象徴している。ところで、『野性の火炎樹』に、ケイという両性具有者が登場し、マウイと肉体関係をもつ。ケイは、この小説の主筋の中では重要な役割を果たしておらず、何のために出てくるのかはっきりしないという印象を与えるが、トモノオジに対応していると解釈すれば、彼女の存在価値が明らかになる。ケイが、『野性の火炎樹』のトモノオジにあたる、というこの解釈は、ケイの部屋の場面で、魚のイメージが頻出することから正当化される。ケイは言葉をもたない。彼女は唖者なのだ。しかし、マウイはケイとのコミュニケーションに困ることはない。二人は、言葉を介さない直接の感応によって、つまりテレパシーによってコミュニケートすることができるからである。ケイが出てくる場面では、この小説の語り手であるはずのオリュウノオバはまったく声を出さず、完全に沈黙している。『奇蹟』で、トモノオジが「オリュウノオバ‐礼如さん」と対立していたのと同様に、『野性の火炎樹』でも、ケイとオリュウノオバは排他的な関係にあり、ケイが現れているときには、オリュウノオバは後景に退くのだろう。

6

だが、トモノオジ＝魚の視点を導入しても、〈路地〉の普遍化、世界中の至るところへの〈路地〉の散種が実現するわけではない。トモノオジは、アル中の老人に過ぎない。論理の平面では、オリュウノオバや礼如さんと対抗していても、現実の世界においては、彼らに守られていなければ、生きていくことさえできない。トモノオジは、革命的な任務を担うことはできない。

ここでもう一度、悔恨の視線が、どのようにして差異をもたらしたかを考え直してみよう。「他でもありえたのに」と深く悔やむのは、決定的なことがすでに終わってしまっているからである。

たとえば、タイチが死んでしまったからである。終わってしまった時点から、過去を振り返ったとき、われわれは、過去に、実現はしなかったのに、十分に現実的なことがあったことを見出す。そのとたんに、確定していた過去の様相が偶有的なものになる。つまり決定してしまっている過去が、他でもありえたことに変貌する。

そうであるならば、〈今このとき〉に対して、悔恨のまなざしと同じまなざしを向けることができたら、今度は、〈今このとき〉に差異が宿るのではないか。「これしかない」と思っていた現在が、たちどころに偶有的なものとなり、無視されていた可能性が現実的(アクチュアル)な選択肢として浮上してくるはずだ。どうしたら、〈今このとき〉を悔恨のまなざしで見ることができるのか。未来に想定されている〈終わり〉から、現在を——その未来の〈終わり〉にとっての過去として——遡及的に見返せばよい。

しかし、そうだとすると疑問も生ずる。オリュウノオバや礼如さんは、中本の一統の若衆の運命の同一性を見るのだった。このとき、彼らもまた、「終わり」から見ているのではないか。彼らは、中本の一統に予定された終わり(若い死)があることを知っているがゆえに、つまり終わりへの過程が必然であることを知っているがゆえに、若衆たちの運命の同一性を認めることができるのだから。オリュウノオバ-礼如さんとトモノオジとでは、何が違うのか。何が違って、一方は同一性を、他方は差異を見ることになるのか。

ここで、ベンヤミンが「歴史哲学テーゼ」の中で提起している、「歴史の天使」のイメージが、われわれの思考の助けとなる。以下は、一八個のテーゼの中の九番目にあたる。

「新しい天使」と題されているクレーの絵がある。それにはひとりの天使が描かれており、天使は、かれが凝視している何ものかから、いまにも遠ざかろうとしているところのように見える。……歴史の天使はこのような様子であるに違いない。かれは顔を過去に向けている。ぼくらであれば事件の連鎖を眺めるところに、かれはただカタストローフのみを見る。そのカタストローフは、やすみなく廃墟の上に廃墟を積みかさねて、それをかれの鼻っさきへつきつけてくるのだ。(『ヴァルター・ベンヤミン著作集1』野村修訳、晶文社、一九六九年)

普通の人は、そこに出来事のなめらかな連鎖を、つまり同一性を見る。その同じところに、歴史の天使は、カタストローフ(だけ)を見る。カタストローフは、ここでわれわれが「差異」と呼んできたものと同じだと解してよい。カタストローフとは、それまでの同一性を破壊してしまうような「他なる選択肢」「新たな選択肢」という意味だからだ。歴史の天使は、〈終わり〉から過去を見返している。問題は、どうして、彼だけが、誰もが連続性(同一性)を見るところに、不連続なカタストローフ(差異性)を発見することになるのか、である。それは、歴史の天使自身が、出来事の自然な連鎖から外れたところにいるからだ。彼自身が、〈カタストローフ(破局)〉の地点から、あるいは出来事の連鎖の延長上には予想されていなかった根本的に〈新しいもの〉が出現した地点から見返しているのである。このとき、歴史の天使は、過去のすべての地点に差異を認識するだろう。

たとえば、二〇一一年三月一一日の福島の原発事故のことを思い出すとよい。事故の前には、われわれは、原発事故などありえないと思っていた。論理的には事故の可能性はあるかもしれないが、事実上は起こるはずのないことと考えていたのだ。だが、事故が起きてしまった後から過去を振り返れば、福島の浜通りに原発の建設が始まってから以降のすべての地点で、大規模な事故が起きる切迫した可能性が潜在していたことに気づかされる。つまり、現実の事故の事後から振り返るわれわれは、過去に、ただカタストロープのみを見ることになるのだ。それこそ文字通り、われわれは、過去の原子炉が建っているその場所に、廃墟（の切迫した可能性）を幻視する。このように過去の見え方が変わったのは、われわれが、カタストロフィークな終わりの後の地点に立っているからである。この地点こそ、歴史の天使の視点を据えている場所でもある。

歴史の終わりから遡及的に現在を見る者は、もちろん神である。しかし、その終わりが、いわば、歴史の法則を打ち破る〈カタストロープ〉の到来や自然な予想を超える〈新しいもの〉の出現を意味している場合はどうだろうか。そのような終わりに視点を設定する者は、神の予定を否定していることになる。つまり、彼は――歴史の天使は――、逆説的な神、神の否定を意味するような神、神の死であるような神であろう。

ここまで議論を進めてくれば、〈路地〉の普遍化にとっての最後の障害がどこにあるかを、正確に見定めることができる。〈路地〉の普遍化のためには、人は、「神の否定」であるような神を信じなくてはならない。そのような奇妙な神の視点から、〈今このとき〉を見返すことができなければならない。しかし、いかにして、そんな神を信じることができようか。

普通の神を信じることは簡単だ。われわれは——自分では無神論者のつもりであっても——無意識のうちに、神を信じている。この事情は、父を憎み、父を殺そうとする者が、実は父を神として崇拝していることになるのと同じである。普通の神の支配から逃れることはきわめて困難で、ほとんど不可能なことである。

だが逆説的な神、その存在が通常の神が予定している歴史のコースの全的な否定を意味しているような神、まったき〈新しさ〉の出現を含意しているような神、こんな神を信じることは難しい。どうしたら、そのような神への信仰をもつことができるのか。

中本の一統に縁がある若者が、国境を越えて、フィリピンなりブラジルなりに向かう、という構想の意義を、このような課題の文脈で理解してみたらどうであろうか。たとえば、オリエントの康は、ブラジルに、地の果てに行く。彼がそこに、誰も予想できなかったユートピアを見つけたとする。仏国土のようなユートピアに遭遇したとする。もしわれわれがその地の果てのユートピアの存在に確信をもてるとすれば、そのユートピアは、至上の時——来るべき終わりの時——に待っている〈新しきもの〉としての意味をも担うだろう。

『熱風』で、オリエントの康の息子、タケオ・ナカモレは、地の果てから、つまり至上の時から戻ってきた。どうやら、「地の果て＝至上の時」には、われわれがまだ見たことのない〈新しきもの〉があるらしい。そのように信じうると納得させるための証拠として、法外な価値をもつ三個のエメラルドがある。オリエントの康＝タケオは、未来に出現する破局的なまでに〈新しきもの〉の地点から、〈今このとき〉に戻ってこなくてはならない。そう、新宿を経由して、現在の新宮に回帰しなくてはならない。彼は、朋輩とともに、そこに〈差異〉を創出することができるだろうか。

中上健次の早逝によって、われわれは、その答えを自分で想像するほかなくなった。

親鸞

法然、親鸞、そして聖霊へ

1

衆目が一致するように、日本の思想史を振り返ったとき、多産性と創造性において突出している時期が二回あった。二回とは、中世の鎌倉期と近世の江戸期である。この二つの時期では、担い手となった思想のジャンルが異なっている。鎌倉期は仏教、江戸期は儒学と国学。それだけではなく、このジャンルの相違と並行するかたちで、この二つの時期では、関心の方向が正反対になっている。鎌倉仏教においては、現実世界からの脱出、仏を媒介にした（たとえば）浄土への超越が主題となった。それに対して、江戸期の儒学や国学では、関心は此岸的で、現実世界へと向けられた。一方は、現実世界からの超越に関心を寄せ、他方は、現実世界への内在を指向した。

関心のベクトルの違いは、それらの思想を生み出した社会状況の違いに対応している。社会状況の違いは、「武士」を基準にしたとき、はっきりと見てとることができる。鎌倉仏教が登場し、普及したのは、武士が、中央の王朝勢力と拮抗しうるほどの力をつけ、勃興しつつあった時期である。武士そのものは、平安期に誕生している。しかし、武士が、公家や朝廷と対等（以上）のものになったのは、鎌倉期である。江戸期は、言うまでもなく、武士の勝利の後にあたる。このとき、武士の勢力の「覇権」はすでに確立している。したがって、日本の思想が最も活力があったのは、武士の勃興の初期と武士の勝利の後であったことになる。

現実世界の肯定は、しかし、江戸期にだけ見られるものではない。それは、古事記以来の日本の思想の基調であると言ってよい。丸山真男が日本の「歴史意識の古層」にある執拗低音であるとした「つぎつぎとなりゆくいきほい」とは、現実世界の自律的な展開の肯定である。そうだとすると、思想の二つの創造期の中でも前者、つまり鎌倉期は、日本の思想史の中でとりわけ特異だったことになる。日本の思想史の中で、現実世界からの脱出や超越が主題になったのは、この時期だけである。超越性への関心を担ったのは、いわゆる「鎌倉仏教」だ。鎌倉仏教がもたらした、思想と実践の革新は何だったのか。ここでは、鎌倉仏教の最も重要な流れ、つまり法然から親鸞へとつなぐ流れにだけ焦点をあて、この時期の仏教が日本の精神にもたらした革新の意義を考えてみたい。

繰り返し確認しておけば、鎌倉仏教は、現実世界への内在を基調としている日本の思想の中で、唯一、「超越」を本格的に導入した。一貫して、超越性を指向していた西洋の神学や哲学とは違う。鎌倉仏教は、日本の思想の中の極端な例外である。その例外性のゆえに、そこで示された超越性への関心は、独特の逆説を孕むことになる。その逆説にこそ、しかし、最も豊かな可能性が秘められている。

2

しばしば指摘されてきたように、浄土経典の世界観は、仏教としては圧倒的に変則的である。というのも、それは、仏教の設定を活用しながら、むしろ一神教に近いからである。つまり、彼らが信仰する阿弥陀如来は、ほとんど一神教の超越神である。

阿弥陀信仰によって、阿弥陀如来の仏国土、つまり極楽浄土に往生（転生）することができる、とされる。厳密に言えば、これは、仏教の最終目標である成仏とは異なる。極楽浄土は、非常に快適なところで、苦難に満ちた人間世界では容易に実践できない修行もここでは捗（はかど）る。そのため極楽浄土で生涯を送った者は、ほぼ確実に次は成仏できるというわけだ。成仏が約束されているのであれば、（極楽浄土への）往生と成仏の区別はほとんどないに等しい。かくして往生が、それ自体で救済としての意義をもつようになる。

阿弥陀信仰にこのような効能があるとされるのは、次のような設定があるからだ。阿弥陀如来が成仏前の修行僧だったとき、つまり法蔵菩薩だったとき、誓願をした。私が仏になったときには、他の仏土の諸々の菩薩衆が、私の名前を知り、私の仏土に生まれたいという心を起こしたならば、私の仏土で生まれさせ、必ず一生補処（いっしょうふしょ）（次に生まれるときには必ず成仏できる修行のレベル）に至らせよう、と。法蔵菩薩はその後、実際に悟り、阿弥陀如来となった。したがって、この誓願は実現しているはずだ。

阿弥陀の救済は、それゆえ、阿弥陀の側の一方的な働きかけによるものであって、キリスト教の

「恩寵」に似ている。南直哉が述べるように、極楽浄土は、「最後の審判」抜きで入ることができる「神の国（天国）」のようなものである。[1]

ただし、救済されるためには、人は信じなくてはならない。すなわち、その仏国土（極楽）に生まれたい心を起こす行為（念仏）が必要である。その「心を起こす行為」に、称名（しょうみょう）（「南無阿弥陀仏」と唱える行為）のような極端な易行（いぎょう）をあげているのは、浄土経典の一つ『観無量寿経』である（このテクストは中国で造られた偽経ではないかと見る説もあるらしい）。称名としての念仏は、往生を望む衆生を機根（きこん）に従って九段階に分けたとき、その最低ランク（下品下生（げぼんげしょう））に属する者が往生するための方法だとされている。下品下生は、たとえば五逆（父母殺しなど、最も重い五つの罪）を犯すような者のことである。称名による念仏を許容したことによって、ほとんど誰もが往生し、極楽浄土への入門が許されることになる。つまり、この易行によって、救済の普遍性は著しく高まった。もっとも、称名が、最低とされる者たちのための最小限の易行であることを思うと、なお差別の痕跡は残っている。彼らは、非常に易しい追試によって、やっと合格が認められているように見えるからだ。

この浄土経典の中にすでにあった思想をさらに徹底させたのが、法然である。どう徹底させたのか。法然は、如来が「念仏一行を選択（せんちゃく（せんじゃく））」したと解釈したのだ。彼は、他の行を廃し、それらを一切顧みず、念仏に「一向専念」することが絶対的に必要だと断言した。この「選択本願念仏」の論理が、どうして、浄土教の理念の純化になるのか。この点については、佐藤弘夫が明快に説明している。[2] 伝統仏教のように諸行往生を掲げると、つまり称名のような易行を極端にダメな者のための最後の手段のようなものとして位置づけてしまうと、結局は、世俗社会における差別がそのまま仏の世界にも持ち込まれることになる。身分・学問・権勢などと無関係にすべての人間を、唯一の「超越神」である如来の前で完全に平等化するためには、念仏を「ひとりだち」させて、他の行を断固として拒絶する必要があったのだ。こうして、救済の普遍性（すべての人が平等に救われる）は、法然において、それまでの浄土教の水準を超えて高められることになる。

だが、この法然の思想に対しては、われわれの観点からすれば、なお疑問が残ることも確かである。第一に、このような都合のよい「神のごときもの（如来）」を人はどうして信じることができるのか。救済は恩寵のように如来の介入によってもたらされるが、しかし、そのためには人は信じなくてはならない。いかに神のように振る舞っていても、煎じ詰めれば、阿弥陀如来も人間である。その人間の強い誓願が実現していると信ずべき理由があるのだろうか。

第二に、この論理によって、現実の世俗社会の平等化が果たされるわけではない。恵まれない人々への法然の共感や善意は、疑いようがない。しかし、法然が唱えた、易行への徹底的な純化は、不平等に苦しむ人にとって慰めとなり、その現実を耐えることを可能にするだろうが、現実の社会にある不平等を克服しようとする運動を直接に引き起こし、支援したりするものではない。

3

一般には、親鸞は、法然の思想を発展させ、深化させたと解釈されている。実際、法然もすでに、親鸞の「悪人正機説」と似たことを語っており、また親鸞はまぎれもなく法然の高弟であったことを思うと、こうした解釈はごく当然なものに見える。しかし、南直哉は、法然と親鸞の間には非連続があり、その非連続の部分にこそ、親鸞の思想のすべてが賭けられている、ということをまことに説得的に論じている。その論にそいながら、親鸞の思想の意義を見てみよう(3)。

親鸞の「悪人」とは何であろうか。それは、法然が、「此の宗〔浄土宗——引用者注〕は悪人を手本となして善人を摂するなり」と言うときの「悪人」——キリスト教の「原罪」のように人間である以上は脱することができない「苦」の中にある者——とは、まったく別の含意をもつ。

たとえば、親鸞は、『教行信証』の中で、「定聚の数に入ることを喜ばず、真証の証に近づくことを快しまざることを、恥づべし傷むべし」と書く。極楽に往生して成仏することが定まった者の中に入ったことに喜びを感じず、真理の教えの悟りに近づくことにも快楽を覚えない、というのだ。『歎異抄』に、これと同趣旨のことが、たいへん印象的なエピソードのかたちで提示されている。あるとき弟子の唯円が、実は念仏していても喜びはなく、往生したい気持ちにもなれないと打ち明けると、「親鸞もこの不審ありつるに、唯円房おなじこゝろにてありけり」と答える。親鸞は、自分も唯円と同じだ、と答えたのだ。これは驚くべき回答だ。弟子が、教師に、普通だったら今さら質問できないような、基本中の基本のことを思い切って尋ねたところ、教師は、「お前もか、実は俺もわからないんだ」と回答されたようなものだからだ。『歎異抄』には、こんなことまで書かれている。自分は念仏往生に確信を持てず、結局、法然聖人にだまされて、地獄に落ちることになったとしても、聖人の教えに賭けるほかない（「たとひ法然聖人にすかされまひらせて、念仏して地獄におちたりとも、さらに後悔すべからずさふらふ」)。

要するに、親鸞が直面していたのは、信ずることができない、阿弥陀如来の本願の力をどうしても信じることができない、という問題である。親鸞の「悪人」は、信じることのうちにある自己否定の構造、信じることの不可能性という実存の危機を指しているのだ。この危機は、人間を絶対的に超越した如来を信じるということ、それゆえ徹底して他力によって信じるしかないということの内在的な矛盾に由来する、と考えられる。普通、われわれは、信じるならば救われる、と思って信じる。だが、これは、信じることと救済の間の取り引きであって、このとき信じるという行為は、他力によるものではなく自力になってしまう。このように積極的に信じるためには、最小限の自力が混入してしまう。信じることのこうした内在的な困難が、「悪人」に込められている。

すると「悪人」でも往生は可能か、という問いは、信じないままに念仏するということが許されるのか、という問題であることがわかる。あるいは、この問いは、謗法(ほうぼう)を犯した者でも往生できるのか、という設問でもある。謗法とは、如来の教法を誹謗中傷することであり、仏教の観点からは、五逆の罪よりも悪いことだ。信じることができないのに念仏するということは、如来への冒瀆であり、謗法とみなされても仕方がない行為である。

親鸞は『涅槃経』を根拠にして、謗法を犯したものでも往生が可能だという結論を引き出している。それゆえ——南直哉によれば——、信じることができないままの念仏は可能だ、ということが親鸞の到達したところである。それゆえ、親鸞にとっては、「ナ・ム・ア・ミ・ダ・ブ・ツ」という称名は、意味を欠いた発声行為であり、あえてこれに意味を与えようとすれば、そこに充当されるのは「信仰」ではなく、「不信」である。

したがって、次のようになる。法然は、浄土教の中にある一神教的な超越的理念——阿弥陀如来と極楽浄土——を、それまでの浄土教の水準を超えて徹底的に純化した。親鸞が表明しているのは、この超越的理念に対する不信や懐疑である。親鸞は、法然が日本社会に初めて導入した超越性を、言わば脱構築していることになろう。

4

それにしても、このことにどんな意義があるのか。信じていないものに対する空虚な念仏に、どのような意義があるのか。親鸞だけを見ている間は、その奇妙で逆説的な行為が、どのような意義や効果をもつのかを理解するのは難しい。ここでは、別の宗教を鏡として——一種の拡大鏡として——活用することによって、この点を説明してみよう。別の宗教とは、キリスト教である。

なぜキリスト教をここに呼び寄せるのか。いくら浄土教が一神教と似ているからといって、キリスト教がここで助けになると考えることに根拠があるのか。ある。ほとんど注目されることはないことだが、実は、キリスト教は、親鸞を捉えていた問題、つまり「不信」という問題を、その根幹に組み込んでいるからである。キリストは十字架に磔になる。絶命の直前に、彼は父なる神への不信を表明する。これには驚かざるをえない。神（の子）すら神を信じられないのだ。親鸞の空虚な「ナ・ム・ア・ミ・ダ・ブ・ツ」に対応しているのは、キリストが叫んだ「エリ・エリ・レマ・サバクタニ？（わが神、わが神、何故私を見捨てたもう）」である。

キリスト教の根幹にある、この自己否定的な「不信」という問題を正面から考え抜いた数少ない思想家は、キルケゴールであろう。彼が『おそれとおののき』などの著書の中で提起している「無限の自己放棄」という概念が、ここでは助けになる。

キルケゴールによれば、神は自己同一性をもった実体ではない。「神」とは、絶対的な他性に与えられた名前である。絶対的な他性とは、それとの対照によってあらゆる現実が本源的に偶有的なものと見えてくる、という趣旨である。神の実体性を解除したことは、次のことを意味する。普通は、神なるものが存在し、それに対してさまざまなモードの関係態度がある――献身的であるとか懇願するとか疑うとかといったモードがある、と考える。しかし、神という実体がないとすれば、関係のモードとは独立に神の存在を想定することはできない。結局、神とは、それに対する関係の様態以外の何ものでもない。このことを前提にして考えなくてはならない。

「神の不信／神への不信」という問題は、キリスト教に固有の概念、聖霊という概念の謎を解く。聖霊とは隣人愛の関係性のことである。キリストから聖霊への移行はいかにして果たされるのか、という主題が、関与しているのだ。そして、この主題を、聖霊などという概念とは無縁な浄土教の方へと、親鸞の思想の方へと送ってやることができる。説明しよう。

神への献身は、徹底した自己放棄という形式をとる。そうならざるをえないのは、超越的な神と人間との間には、架橋不可能なギャップがあるからだ。これは、浄土教でいうところの「他力」ということに対応する。自己放棄とは、自力の痕跡をことごとく抹消した、純粋に他力に基づく信仰のことである。

ところで、キリスト教の場合、信仰のモデルであるところのキリスト自身が、極限の場面で、神への不信仰、神への懐疑を表明するのであった。これは何を意味しているのか。キリストは、神自身である。このキリストによる懐疑は、神と人間を隔てる亀裂は、神自身の内部に（も）ある、ということだ。神と人間という最大の差異は、神それ自身の内的な差異でもある。ということは、神は、何ものでもありえず、「無」であると言うほかないのではあるまいか。

同じような含意を、親鸞の論からも引き出すことができる。自力の残滓をまったく還元した、純粋に他力による信、他力による念仏ということを追求すれば、信じる主体を放棄せざるをえず、それとの相関で、信じられる超越的対象（阿弥陀如来）もまた無化せざるをえない、と。(4)『松燈鈔（まっとうしょう）』の非常に有名な部分——自然法爾（じねんほうに）について論ずる部分——で、親鸞は驚くべきことを語っている。「自然」とは、意志的で、目的指向的な行為がまったくない行為の状態、「自力」性を消し去った行為のことだが、阿弥陀如来は、この「自然」という存在の仕方を教えるための手段に過ぎない、と。

キリスト教でも同じである。神は、無と化すのだとすれば、それは、やはり手段だ。何の？　神が実体として存在しているのであれば、われわれの自己放棄は、神との取り引き、神との等価交換である。しかし、神は無である。そうだとすれば、われわれの自己放棄は宛先を失うことになる。それはどこに向かうのか。他者たち、現実の人間の他者たちに、である。他の個人たち、同じ無（という神）への献身に参加している共同性に、である。こうして、キリストという個人が解体したあと、それは、諸個人の間の純粋な関係性として——いかなる利益にも従属しない互いの自己放棄を前提とした関係性として――再生することになる。これが「聖霊」ということの意味だ。キリストは、弟子たちにこう語っている。「あなた方の間に愛があるとき、いつでも、私はそこにいるだろう」。これは、神であるキリストが、愛し合うあなたたちを見守っている、という意味ではない。「あなた方の間の愛」の関係がキリストそのものなのだから、愛があるとき定義上、そこにキリストがいる、という趣旨である。

このように、超越的な神を信ずることの不可能性というテーマは、現実の人間の間の共同性の再構築という主題へと転換する。親鸞が明示的に語っていなくても、彼の「悪人」という問題の中にも、同じ含意が伏在しているはずだ。法然の「一神教」的な設定に関係して、私は先にこう述べた。そこに平等への熱い願望はあるが、しかし、現実の社会を平等な共同体へと変革する力はない、と。しかし、親鸞による「超越性の脱構築」を経由した場合には、そこから、現実の共同体の変革への、この世俗の社会の変革への呼びかけを引き出すことができるのだ。そのためには、脱構築の対象としての超越性（法然の浄土教）が、消えゆく媒体として必要だったのだが。

注

（1） 南直哉『超越と実存――「無常」をめぐる仏教史』新潮社、二〇一八年、九一頁。

（2）佐藤弘夫『鎌倉仏教』ちくま学芸文庫、二〇一四年、八九—九〇頁。
（3）南直哉、前掲書、二一〇—二一三頁。
（4）同書、二三〇—二三三頁。

織田信長

理性の狡知　——本能寺の変における

明智光秀はどうして織田信長を討ったのか。主君を殺害するどんな動機が光秀にあったのか。これについては、夥しい量のことが書かれ、語られてきた。これからも、この疑問をめぐってさまざまな推論がなされ、仮説が立てられるに違いない。しかし、結局、ほんとうのことはわからないだろう。

いずれにせよ、私は、つまらないささいな動機だったのだろう、と推測している。もちろん、光秀本人の観点から見れば、あれほど思い切った行動なのだから、人生を左右するほどの大きな問題があったのだろう。しかし、第三者から見れば、歴史の流れを決した出来事にはふさわしからぬ、個人的な怨恨のようなものが、光秀の行動の理由だったのではあるまいか。「あなたはそんなことであれをやったの！」とわれわれが驚くような、つまり、その動機自体が光秀の器の小ささを示しているような、そうした類の事由が、直接的には、光秀に、裏切りを決断させたのではないか。日本人が光秀の謀反の動機についての詮索をやめられなくなった一因は、光秀の人生の中に見つけられる理由の小ささと本能寺の変の客観的な意義の大きさとの間のギャップが、どうしても埋まらない、ということにあるのではないか。

むしろわれわれははっきりと認めるべきだろう。光秀が自ら意識していた動機は、ほんとうにつまらないものだったのだ、と。わかったところで、たいして知的な利得がないようなことなのだ、と。

だが、光秀の主観的な意識ということを離れて、本能寺の変を見た場合にはどうか。もっとはっきり言おう。ヘーゲルの歴史哲学の流儀で、この出来事を見たらどうか。私の考えでは、本能寺の変は、「理性の狡智」の格好の実例である。光秀自身は、はっきりとした自覚もなしに、ただ必死に、無我夢中に生きただけだ。しかし、「変」へと至った光秀の行動には、この列島を支配する歴史の合理性が貫徹していた、と解釈することができる。光秀は歴史の理性がその目的を実現するための「駒」だった、かのように見えるのだ。

そのことは、光秀の人生や彼の性格をいくら目を凝らして眺めてもわからない。彼の行動を大きなものに見せている要因の方を見なくてはならない。もちろん、それは、光秀によって殺された織田信長である。信長は武士である。「信長」は、中世のある時期に生まれた武士なるものの論理が極限にまで推し進められたときに生まれる歴史的形象だ。しかし、論理が極限にまで至ったとき、ある「閾」が越えられてしまった。そのことの結果が、一人の家臣による一か八かの謀反だった、というのが私の解釈である。

*

そもそも武士とは何か。武士はいつ、どこで、どのようにして生まれたのか。実はよくわかってはいない。かつては、武士は武装した開発領主であるとするのが通説だった。教科書にも書かれたこの説を、今日、そのまま受け入れている専門家はいない。農民が、片手間に武装したくらいでは、武士を定義する技能、つまり弓馬術は使いこなせないからだ。開発領主説は、今日では斥けられている。しかし、だからといって、これにとって代わる通説があるわけでもない。

　武士が開発領主から出てきたというかつての通説が正しかったならば、その誕生の地は、都から離れた地方、たとえば坂東だった、ということになる。この説が成り立たないとすれば、武士の由来をまったく逆のところに求めるべきかもしれない。実際、高橋昌明は、武士は、都（西国）で生まれた、という説を唱えている。[1] この説によれば、武士の起源は、朝廷に——もっと精密に特定すれば衛府に——ある。東国の武士は、朝廷由来の本来の武士をただ模倣しただけだ、というわけだ。武士の正統が衛府にあったとする仮説を支える状況証拠的な事実もある。武士が身につけた道具類、つまり大鎧、弓、箙（えびら）（矢の収納器具）などの武具のデザインが京風に洗練されており——つまり都会風にオシャレで——、彼らが近衛府や朝廷を「かっこイイ」と見ていたことがわかるからだ。

　だが、武士の衛府起源説は、有無を言わせぬ証拠によって裏付けられているわけではない。具体的に武士の系譜を遡りながら、その正統の起点が衛府にあるという事実が、示されているわけではないのだ。私は、この説には、あまり説得力がないと考えている。もし武士が朝廷から直接発生したとするならば、どうして、そのピンポイントの源泉が「衛府」などというマイナーな部署なのか。衛府とは、宮中の警護にあたるガードマンである。

かつては――平安時代の初期までは――、朝廷には直属の軍隊のようなものがあった。つまり、武芸によって仕える朝廷の直属の臣下がいた。こうした武人の系譜を「将種（しょうしゅ）」とか「将家（しょうけ）」と呼ぶ。最も有名な将種は坂上氏である。最初の征夷大将軍である坂上田村麻呂は、蝦夷との戦いで傑出した武功をあげた。もし武士が朝廷から発生したとすれば、将種を源泉とすべきではないか。しかし、将種の末裔、坂上氏の末裔は、どう見ても、中心的な武士とは言えない。いや、そもそもこう問うべきだ。坂上田村麻呂は、どうして武士ではないのか。彼が、有能な武人であったことはまちがいない。しかし、武士とは見なされていないし、実際、後に活躍した武士たちと系譜的に強いつながりを持っているわけでもない。

*

ここからあらためて気づく。武士が武士であるためには、まず最も基本的な前提として、天皇（朝廷）から一定の独立性をもっていなければならない、と。最初から天皇に直接的に強く臣従している者は、武士ではないのだ。とはいえ――繰り返せば――地方の開発領主が、朝廷とはまったく独立に武装して武士となった、と見なすこともできない。どう考えればよいのか。

私は、桃崎有一郎が唱えていることが、基本的なところで正しいのではないか、と考えている。桃崎は、武士となった者たちの源流を愚直にたどり、どの瞬間に武士が出現したのかを丹念に調べた上で、自説を提起しているからである。[2] それによれば、武士は、結局、「王臣子孫」と「伝統的現地豪族」の合成によって（摂関時代の平安期に）生まれた。前者は、都や朝廷と結びついた「貴姓」であり、後者は、地方の「卑姓」である。桃崎に従って、少し説明しよう。

伝統的現地豪族とは、郡司などに任命された地元の実力者である。古代の国造の末裔でもあろう。朝廷への納税にあたって、「税」を実際に、地方から京へと運搬する仕事を課せられたのは、まさに彼らである。そして、彼らは、運搬の最中に、群盗に襲われたりして、税を失ったとき、全面的に責任を負わされた。では、そんな群盗はどこから来るのか、というと、それもまた、同じ現地豪族である。

武装し、弓馬の使い手でもある現地豪族が、王臣子孫のもとに集まる。王臣家とは、皇族や貴族[3]のことである。王臣家の子孫が王臣子孫だ。王臣家は、現地豪族にとって、最初は、荘園の寄進先（本所）であった。やがて、国司等として地方に赴任したあと、そのままその地方に（何代も）留住した王臣子孫と現地豪族との間に主従の関係が結ばれ、イエ型の組織が形成されるようになる。とりわけ、現地豪族は自分たちの女を王臣子孫と結婚させることで、つまり婚姻関係によって、王臣子孫と強く結びついた。王臣子孫の中には、摂関家もいれば、臣籍に降下した皇族もいた。平家や源氏も臣籍降下した皇族である。

したがって、「武士は、地方社会に中央の貴姓の血が振りかけられた結果発生した創発の産物として、地方で生まれ、中央と地方の双方の拠点を行き来しながら成長した」。これを桃崎は、発酵食品に喩えている。地方社会という大量の牛乳（地方豪族）に、王臣子孫という微量の乳酸菌を投

入すると、武士というヨーグルトが生まれる、と。(4)

さて、そうだとすると、武士は、天皇（朝廷）を原点にして遠心力と求心力との両方が作用しており、両者が独特の均衡をとったときに生まれる、ということがわかる。先に述べたように、武装していても、最初から天皇の直接の臣下であるような者は、武士ではない。その意味で、基底に、天皇や朝廷の支配から独立しようとする遠心力がある。近似的には、武士を構成した二つの要素のうち、貴姓の王臣子孫は求心力を、卑姓の現地豪族は遠心力を、代表している、ということができる。が、ていねいに見れば、実態はもう少し複雑だ。

どうして、地方豪族が王臣子孫のもとに集まり、彼らを主人としたのか。その最初の動機は、朝廷への納税から逃れたいからである。律令制の原則からすれば、彼らには、朝廷に対する納税の義務があるわけだが、王臣子孫に仕え、その傘下にいる限りは、免税の特権がある（もちろん、その代わり、王臣家に対して貢がなくてはならないわけだが）。このとき、地方豪族も、また王臣家も、自己の利益のために、天皇を完全に蔑ろにしている……ように見える。つまり、王臣子孫への従属の中に、天皇の権威を相対化し、そこから距離をとろうとする遠心力が働いている。が、同時に、「王臣子孫のもとにあること」が社会的効力をもつのは彼らが貴種だからであり、したがって、その効力は、最終的には、天皇の存在に依存している。貴種とは、天皇への近さのことだからだ。それゆえ、まとめると、地方豪族の王臣子孫への関係の中には、天皇への従属を支える（天皇への）求心力と、天皇から離れようとする遠心力が、同時に作用していることになる。

このように、武士なるものは、天皇の独特の影響の圏域の中に入ろうとする求心力とそうした影響から距離をとり自由であろうとする遠心力とがともに働き、両者が均衡したときに生まれた。武家政権や武士のリーダーが、天皇よりもはるかに強い実効的な権力をもって、列島に君臨した時代は長かった。しかし、武家政権は、天皇制を排除したり、皇室関係者を全員殺害したりすることは、できなかった。武士が武士たりうるための一つの要件が、天皇への求心力の中に入ることだったからである。

自ら天皇に準ずる位に就こうとした——あるいは自分の子を天皇にしようとした——武士のリーダーはいた。足利義満がそうだ。しかし、これは、天皇を排除することではない。逆である。義満の皇位への接近は、天皇への求心力が彼に対して特別に強く作用した結果である。

*

だが、こう見てきたとき、信長が例外的な武士であったことに気づく。信長は、天皇への求心力に従わず、それを全面的に相対化した最初にして最後の武士である。信長は、将軍を、利用するときには利用したが、利用価値がなくなったと思ったらあっさりと廃棄した。足利義昭を京都から追放し、室町幕府を真に終わらせたのは信長である。信長の天皇に対する態度は、この将軍への態度と変わらない。

信長も、天皇の「権威」を利用したことはある。彼は、石山本願寺を屈服させる際に、正親町(おおぎまち)天皇に宸翰(しんかん)(天皇直筆の文書)を書かせ、前関白・近衛前久(さきひさ)に、この文書をもって本願寺に赴かせた。

天皇を内心小バカにしつつ、利用するということは、他の多くの武士のリーダーたちがやってきたことなので、信長が特別というわけではないように思われるかもしれない。実際、こうした天皇の利用は、いかに意識のレベルでは天皇を相対化しているつもりでも、なお天皇に影響力があることを前提にした行動なので、「天皇への求心力」から自由ではないことを普通は意味している。

　しかし、信長の場合は、他の武士のリーダーとは異なっていることが、後の行動からわかってくる。つまり、信長が天皇を利用したのは、他者たちが――自分ではなく他者が――、この場合には「石山本願寺」が、天皇の影響力の圏域の中にあることを知っていたからであって、自らは、いささかも天皇の権威に従属する気がなかった、ということがわかってくるのだ。本願寺を倒した翌年、正親町天皇は、信長に左大臣任官を打診してくる。それに対して、信長はなんと、天皇に譲位を示唆し、いずれ親王（誠仁）の即位を自分が「申沙汰」するので、官位はそのときにもらおう、と答えたのだ。つまり、官位を積極的には受けようとせず、むしろ天皇の交替を自分が仕切ろうと、言ったのだ。「左大臣」ではまだ不満なのかと見た正親町天皇は、征夷大将軍に推任するとの勅使を信長のもとに送るが、これには、信長は返事すらしていない。

　このように、信長は、天皇への求心力から完全に解放されている。このことをよく示しているのは、信長が建てた安土城である。安土城は、（大型の）天守――というより「天主」――をもった最初の城として知られている。安土城の天主閣の隣にある本丸御殿は清涼殿（天皇の居所）を――東西を反転させたうえで――正確に模している。信長は、ここに天皇を迎えるつもりだったのだろう。隣の天主閣に信長は居住した。[5] すると、天主閣の信長から清涼殿の天皇を見下すかたちになる。この構成が含意しているのは、次のことであろう。信長が天皇への求心力の中にいるのではなく、逆に、天皇こそが信長への求心力の中に位置づけられること、これだ。

信長だけが天皇への求心力から離脱していた。しかし、信長を継いだ秀吉も家康も、旧に復し、それまでの武士と同様に、天皇の求心力の中で活動することになる。秀吉は、近衛家の「猶子（ゆうし）」というかたちで、関白となる。そして何より、天皇から「豊臣」の姓を賜わる。家康も同じである。彼は、征夷大将軍となった。「左大臣」の位にも、「征夷大将軍」にも、嘲笑的な態度で応じた信長と、これら二人とはまったく異なっている。

このように、信長は圧倒的な例外であり、逸脱である。しかし、この逸脱は、武士なるものを成立させた論理の純化と徹底化の結果であることにも留意しておかなくてはならない。先ほど述べたことを繰り返せば、武士を成り立たせている最初の前提は、朝廷からの独立性の方にある。その意味では、遠心力の方が基礎である。この基底的な遠心力が強くなり、ついに求心力との間の均衡を維持できなくなったとき、信長が出現したのである。

＊

しかし、列島の歴史の理性は、こうした逸脱を許容しなかった。天正一〇（一五八二）年六月、京都の本能寺で、信長は、家臣明智光秀によって殺された。信長が切り開いた、逸脱的な論理が継続し、定着することはなかった。

光秀は、だから、日本の歴史を本来の合理性へと回復するのに貢献したことになる。もちろん、光秀はそんなことを意識していたわけではない。彼は、個人的な怨みや怒りから、ああした行動に出たのだろう。だが、そうすると、「歴史」にとっては都合のよい偶然が起きたということなのか。あるいは逆に、歴史の神の神秘の力が働いている、ということなのか。

だが、おそらくどちらも違う。歴史の神の力などに訴えなくても、光秀の謀反には、本人には自覚されていない必然性があったと考えることもできる。つまり、天皇に対する信長の例外的な態度と光秀の大胆な行動との間には、相関関係があったと考えることもできる。光秀が、天皇への忠誠心から信長を成敗した、ということではない。光秀の自覚的な意識の中には、天皇のことはまったくなかっただろう。しかし、それでも、光秀の反逆と信長の天皇への態度との間には関連があった、と考えることもできる。

武士は、その実力において、天皇を圧倒していたときでも、天皇を排したり、殺したりはできなかった。「天皇」の存在が武士には邪魔なものに見えているときでも、武士は、天皇を廃棄できなかったのだ。武士の方が圧倒的に強く、優位に立っているのだから、武家政権のトップが天皇を殺害しても、誰も咎めることはできなかったはずではないか。そう思えるのだが、武士のどのリーダーも天皇を殺しはしなかった。殺すことができなかったのである。

だが、信長だけは、自らの背後に「天皇」を置こうとしなかった。信長は、自身の権威や権力の裏付けとして、「天皇」にいささかも依拠しようとしなかったのだ。このとき、家臣となる別の武士から、信長がどのように見えるか、を想像してみるとよい。信長が、殺しうるものとして現れるのではないか。信長に対して強い怨みがあったとき、信長は、殺してもよい対象として現れるのではないか。
いずれにせよ、まるでヘーゲルの歴史哲学を例証するかのように、理性の狡智が鮮やかに作用し、光秀は信長を葬り去ったのである。

注

（1）高橋昌明『武士の日本史』岩波新書、二〇一八年。
（2）桃崎有一郎『武士の起源を解きあかす』ちくま新書、二〇一八年。
（3）三位以上の純粋な貴族と、五位以上の準貴族の両方を含む。
（4）桃崎、前掲書、三一四頁。三一八頁。
（5）信長は、天守閣で起居した。安土城以降、天守閣をもつ城はいくつも建設されるが、実際に天守閣で寝起きし、生活した武士は信長だけである。いやそれどころか、明治になるまで、地面に密着していない床の上で居住した日本人は、信長しかいなかった。五重塔など、地面から離れた床をもつ建物は、造られたが、そのような床で暮らそうとは、信長以外、誰も思わなかったのである。信長だけは、いわば、空中で暮らすことに、何のためらいも恐れもいだかなかった。ここに信長の独特の世界観を、「超越」への意志のようなものを見ることができる。それは、前近代の日本人にとって、圧倒的に例外だったのだ。

III

ドストエフスキー

ドストエフスキーの二つにして一つのテーマ　──神と金

ドストエフスキーの生涯にわたるテーマは、神と金（カネ）であった。

一方で、ドストエフスキーの小説は、神という問いに捧げられている。神は存在するのか？　神が存在しないとすれば……？　たとえば、『悪霊』の登場人物の一人、建築技師のキリーロフは、「神がいないならば、ぼくが神になる」とまで言う。神の存在／不在という主題が、ドストエフスキーの作品を貫いている。

他方で、ドストエフスキーのほとんどの小説で、登場人物たちはたいてい、お金のことで悩み、金銭問題に振り回されている。主要な長編小説を見ただけでもそのことは明らかである。『罪と罰』では、貧しい苦学生ラスコーリニコフが、金貸しの老婆とその妹を惨殺する。『未成年』の主人公にして語り手、二〇歳の青年アルカージー・ドルゴルーキーは、ユダヤ人の大富豪ロスチャイルドになることが「ぼくの理想」だ、と宣言する。『カラマーゾフの兄弟』では、長男のドミートリイ（ミーチャ）が、元婚約者のカチェリーナに借金を返済するために三〇〇〇ルーブルを工面する話が、物語の展開の主軸になっている。ドミートリイが父殺しの犯人として逮捕され、冤罪で懲役二〇年の刑を宣告されたのも、彼が、父親から金を奪おうとしていたと疑われたからである。

最も極端なのは『白痴』だ。この小説では、いくつものお金の話題が次々と絡まり合って登場する。二五〇万ルーブルといった莫大な金額の遺産の話もあれば、二五ルーブルという少額を借りる話も出てくる。『白痴』は、お金に関するエピソードの集積である。たとえば、前半の有名なシーン――絶世の美女ナスターシャの二五歳の誕生日のパーティが開かれている――で、ナスターシャは、ロゴージンが彼女のために用意した一〇万ルーブルを、暖炉の火の中に投げ入れ、金目当てで彼女と結婚しようとしていたガーニャ・イヴォルギンにこれを拾い出すように命じる。[1]

ドストエフスキーは、実生活でも、絶えずお金の問題に苦しめられていた。借金を重ね、その返済のために奔走する人生だった。彼の本が出版され、印税が入ると、親戚たちが、金の無心に押し寄せてきたという。この文豪が生前最後に書いた文章は、『カラマーゾフの兄弟』の印税をすぐに支払って欲しい、という趣旨の編集者への督促状だった。この手紙を書いた同じ日に、作家は発作で倒れ、二日後に絶命した。

よく知られているように、ドストエフスキーには賭博に対する嗜癖があった。賭博に最初に関心をもったのは、シベリア流刑の後、国境警備隊員の仕事に就いていたときだという。三〇代の終わり頃だ。「賭博者の手記」という文章を読んだらしい。その後、ヨーロッパに初めて旅行したとき、賭博場で一儲けし、以降、病みつきになった。賭博で利益を得たのは最初だけで、あとはほとんど損をするばかりだったのに、なぜか、ドストエフスキーは、ルーレットの魅力から逃れられなくなった。『賭博者』という小説も書いている。ルーレテンブルクなるドイツの都市に住むこの小説の主人公アレクセイは、愛する女性を経済的な苦境から救おうと、賭博に挑戦する。

このように、ドストエフスキーは神のことで悩み、お金のことで苦しんだ。一見、両者は、まったく対照的だ。神は、形而上の難問であり、金は、形而下の利得だ。しかし、おそらくドストエフスキーにとって、両者は、一つの同じ問題だった。神と金を重ね合わせたときに現れるものは何か。それは、金が神となるシステム、すなわち資本主義である。ドストエフスキーが活動した一九世紀の中盤、ロシアの資本主義は、（西ヨーロッパに比べて）おくればせの大発展期を迎える。特にクリミア戦争の後に、ロシアの人々は、異様な投機熱に浮かれた。そこに出現したのは一種のバブル経済であり、国中で、ルーレットに興じているようなものだ。

*

さて、ドストエフスキーにとって、神の問題が同時に金の問題でもあったとすると、彼の小説の中で展開される、神についての思索は、資本主義についての思索、資本主義というシステムの中から生まれる困難に対する一つの応答の試みとして読むこともできる。たとえば、『カラマーゾフの兄弟』の第五篇（第二部）に入っている、イヴァンとアリョーシャの長い会話。この会話の中に、あの大審問官の寓話が入っている。

まずイヴァンが提起しているのは、「ヨブ記」的な問いである。どうして、義人や罪なき人も、とてつもない不幸や苦難に襲われることがあるのか。たとえば、幼い子どもは、どう見ても無垢であり、いかなる罪も犯してはいない。そんな子どもでも、ときに無残に殺されることがある。神がいるとしたら、その神はあまりにも残酷であり、人間の苦難に対して無関心だ。こんな状態は誰も赦すことができない。イヴァンは、このように言う。

われわれは気づくべきである。イヴァンがここで指摘している問題は、資本主義というシステムが孕んでいる理不尽さの一般化である。投機や投資には、賭博的な側面がある。どんなに努力し、どれほど合理的に振る舞ったつもりでも、投資・投機は、最終的には、予期できない未来への賭けである。それゆえ、努力や能力が正当に報われるとは限らない。理不尽としか思えない失敗や破綻が必ず生まれるのが資本主義だ。この不合理さを、人間のすべての営みに拡張して言い換えれば、イヴァンの問題提起になる。

これに対するアリョーシャの答えが、「キリスト」である。イヴァンは、誰も赦す権利をもってはいない、と言うが、アリョーシャによれば、赦す資格をもつ者が、ただ一人だけいる。それがキリストだ。どうして、キリストは赦す権利をもつのか。キリストは、すべての人のために、自ら積極的に、ヨブ的な苦難を引き受けたからである。つまり、キリストは、すべての人の代わりに、自らは罪もないのに血を流し、死んでいったからである。

このアリョーシャの反論に対するさらなる反論が、イヴァンが創作した大審問官の寓話だ。キリストが地上に戻ってきた。キリストが出現したのは、異端審問の嵐が吹き荒れる一五世紀のセヴィリアである。彼は数々の奇蹟を行い、人々は、彼をまさに「その人」として認識した。大審問官は、キリストを「異端」として逮捕させた。翌日の処刑のために牢にいるキリストを、大審問官が訪ね、キリストを批判する。

大審問官がキリストに告げたことの中心は、自由がもたらす逆説である。キリストは、人間に自由を与えた。しかし、このとき――大審問官は言う――キリストは人間の本性を見誤っていた。人類の大部分は、自由の重荷に耐えることができない、というのが大審問官の言い分である。「自由」を与えられたがゆえに、人類のほとんどは、永遠の苦しみの中へと投げ入れられた。こうした状況に抵抗すべく、人々に幸福をもたらそうと、教会は活動している。大衆は、自由の重荷に耐えることができる少数のエリートに屈服し、エリートに導かれなくてはならない、というわけだ。悪魔が、キリストに「石をパンに変えてみよ（そうすれば、人間たちは、胃袋を満たすためにお前についてくるはずだ）」と誘惑してきたとき、キリストはこれを拒絶し、「人はパンのみで生きるわけではない（人間の精神は自由だ）」と言ったが、それは間違いだった、と大審問官は主張する。正しくは、「彼らを食べさせろ、善行を求めるのはそのあとだ！（まずはパンによって服従させろ）」であった、と。

再び、われわれは、ここに、資本主義において顕著に現れる問題の純化された表現を認めることができる。資本主義の特徴――資本主義の強みと見なしうる特徴――は、それが自由な社会システムだという点にある。資本主義は、人類が実現してきたどの社会システムよりも――少なくとも形式的な水準では――広範に人々に自由を与えてきた。アイザイア・バーリンが注目した概念を用いるならば、すべての個人に原則的に配分されている消極的な自由という観点では、資本主義は極大である。イヴァンが創作した大審問官によれば、最大の困難は、自由の外部にあるのではなく、自由そのものに内在している。

すると、これに対するアリョーシャのさらなる反論からは、資本主義の本質的な問題にどう対応すべきか、資本主義からどのように逃れうるのか、ということに対する暗示を読み取ることができる、ということになろう。資本主義の最もよき部分とされているところに、資本主義の最大の困難がある。この困難にどう立ち向かうべきか。ドストエフスキーは、このようにはっきりと意識しているわけではないが、アリョーシャの応答に、この問いへの答えを——少なくともその手がかりを——読み込むことができるはずだ。

アリョーシャはどう答えたか。アリョーシャは、積極的には何も言わない。彼はただ、大審問官の寓話の最後で、キリストが大審問官に対してなしたことを、そのままイヴァンに対して反復する。アリョーシャは、イヴァンに近づき、彼の唇に静かにキスをしたのだ。このキスに、何が、どのような態度や理念が圧縮されているのか。この点に、資本主義というシステムの臨界点にいながら、なおそこから逃れられない今日のわれわれにとって直接有意義な示唆があるだろう。

注

（1）この後、一旦はムイシキン公爵の結婚の申し込みを受け入れたかに見えていたナスターシャは、ムイシキンを捨てて、ロゴージンとともに去っていく。私の考えでは、この場面は、後半の、これといささか似た場面と対応している。後半の対応する場面では、ムイシキンとナスターシャとロゴージン、そしてムイシキンとの婚約を発表したばかりのアグラーヤの四人が一堂に会する。口論の末、今度はムイシキンとナスターシャが結ばれ、ロゴージンとアグラーヤが捨てられる。

ベネディクト・アンダーソン

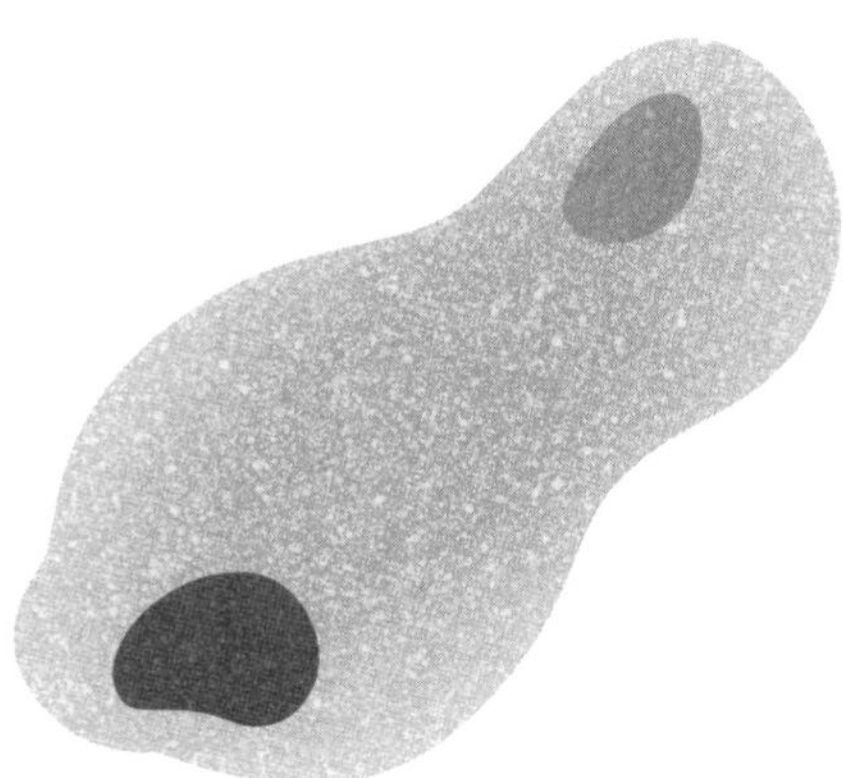

文化の換喩的翻訳者

ヨーロッパ連合（ＥＵ）は、ナショナリズムを超えようとする政治的実践の中で、最も有望な試みであった。が、ヨーロッパの近代性の代表者で、その意味で中核メンバーでもあるイギリス国民がＥＵからの離脱の意向を表明したことで、この試みは大きく挫折し、「ナショナリズムの克服」という基準で見たときには退行した。この挫折と退行は、ベネディクト・アンダーソンの『想像の共同体』の妥当性を証明するものとなっている。この書物は確かに、タイトルにあるように、「国民」が想像された虚構の共同体（の一つ）であると論じてはいるが、想像の産物に過ぎぬがゆえに国民への所属意識を容易に克服しうると示唆しているのではなく、逆に、その想像は、「人生の物語」を提供する社会的実践に、つまり資本主義的市場で成功を目指す俗語の出版物とか、植民地の役人の巡礼に喩えられる出世の階梯とか、小説を読む読者とか、近代人の朝の礼拝である新聞とか、といった社会的実践に裏打ちされているがゆえに、しっかりとした現実となっている、と説いているからだ。こうした社会的実践による支えが脆弱で、想像と利害の上にのみ成り立つＥＵは脆い。

ＥＵの困難は、昨年末（二〇一五年一二月一三日）に逝去したこの政治人類学者の説の正しさを、反対側から照らし出しているのである。偉大な学者の言葉は、死後に、死の直後に、ますます必要になるものだ。

ところで、私の『ナショナリズムの由来』（講談社、二〇〇七年）は、その『想像の共同体』がなければありえなかった。いや、いっそのこと、『ナショナリズムの由来』は『想像の共同体』に全的に刺激されて生まれたものであって、『想像の共同体』の派生物だったと言ってもよいくらいだ。分量だけで言えば拙著の方が大きいが、それでもなおこう言い切ることに何のためらいも感じない。私は、しかし、自分でもふしぎに思うのである。なぜ、アンダーソンの著作に、かくも大きな触発力があったのか、ということにである。ここで、追悼の意を込めて、この謎について考えてみたい。

『想像の共同体――ナショナリズムの起源と流行』は、一九八三年に出版された。その後一九九一年に、もとからあった九章に二章を付加された第二版が出版された。さらに二〇〇六年には、末尾に文章が加えられた第三版が出版された。これが最終版である。三つの版はすべて白石隆・白石さや両氏によって優れた日本語に訳されている。邦訳では、第二版が『増補』（一九九七年）、第三版が『定本』（二〇〇七年）と、タイトルに冠が付けられている。一九九一年の第二版の増補部分に関して言えば、初版の延長上に自然に接続するものであり、この中でアンダーソンは、初版の中にもすでに暗示されていた主題、すなわち、ナショナリズムと人口調査・地図・博物館との関係や、あるいは記憶や忘却が――とくに忘却が――「国民」という意識にどれほどの影響を与えたか等を、さらに詳しく、かつ印象的な事例をいくつも引きつつ論じている。私が『ナショナリズムの由来』を執筆する際に参照したのは、この第二版である。だが、いささか奇異な印象を与えるのは、第三版だ。ここに付加された長い文章は、既存の自著への増補としては他に例を見ない個性的なものになっているのだ。

第三版の付加部分は、第二版の増補部分とは違って、既存の章に付け足された章ではなく、「あとがき」という体裁になっている。が、「あとがき」と呼ぶにはあまりに長大だ。かといって、もしこれが第一二章とされていたら、本文との間で内容的な整合性を保つことができなかったに違いない。「旅と交通」と題されたこの「あとがき」は、『想像の共同体』の諸言語への翻訳の歴史をたどっているのだ。『想像の共同体』は、アンダーソンの著書の中では最も広く読まれ、世界中の知的な読者に強い刺激を与えたから、当然、多くの言語に翻訳された。この「あとがき」が書かれた二〇〇六年末までに、三〇カ国、二七言語で出版されたという。

第三版に付け加えられた「旅と交通」は、したがって、『想像の共同体』それ自身への自己言及、この文章に付された副題にある通り一種の『想像の共同体』の「自伝＝地伝（ジオ・バイオグラフィ）」である。アンダーソンは何のためにこのような文章を自著に入れたのだろうか。自分の本がこんなに成功していると自慢するためか。もちろん違う。『想像の共同体』はもともと、（特に西欧においては）俗語の出版物が資本主義的な衝動のもとで波及したことが、ナショナリズムの誕生の原因（の一つ）だった、という説を提起していた。それゆえ、『想像の共同体』のような重要な著作の各国語への翻訳自体が、ナショナリズムにかかわる現象であり、この過程を追うことは、本文の説を検証し、補完することにもなる。これは、『想像の共同体』の原著が英語で書かれているがゆえにこそ可能な解釈である。

今や世界の共通語である英語は、かつての西欧における教会ラテン語の地位を現在の世界において占めており、近代の初頭においては、まさにラテン語文献の俗語への翻訳こそが各国民に固有の言語の形成に最も深く与（あずか）った。英語の文献たる『想像の共同体』の各国語への翻訳は、このラテン語の俗語訳の過程を反復することになる。

これが、「旅と交通」という破格の文章が、『想像の共同体』の最終版に入れられている理由についての「公式見解」である。だが、このように説明されてもなお不可解さは残る。そのくらい、この文章は風変わりである。むしろこれは、『想像の共同体』が特別な魅力をもった理由についての、無意識の自己分析になっているのではないか。これが私の解釈だ。

この解釈の妥当性を示すために、アンダーソンの社会分析の特徴がよく表れている例を、彼のごく初期の研究から引いてみよう。現在『言葉と権力』に収められている、一九七二年の論文「ジャワ文化における力の観念」で、アンダーソンは、ジャワの言語の中に、西欧の政治で用いられているような意味での「力（権力）power」の概念がないことにまずは注目する。というか、厳密に言えば、ジャワの世界で前提になっている〈力〉の観念は、西欧の「力」と正反対の性質をもっているのだ。「力」は抽象的な概念だが、〈力〉は、宇宙を活性化するエネルギーとしてあらゆる物に具体的に内在している。「力」の源泉は（富や地位や武力など）多様だが、〈力〉の源泉は一様である。「力」は無限に蓄積可能だが（いくらでも大きな権力を想定しうるが）、宇宙に内在する〈力〉の総量は一定で有限だと見なされている。「力」は正当なものと不当なものがあり、道徳的に二重性をもつが、〈力〉は善悪の判断に先行しており、〈力〉の正当な行使という主題自体がジャワにとっては無意味である。このように、「力」と〈力〉は正反対の特徴をもつ。

アンダーソンは、単に二つの力の概念を対照させるだけではなく、マックス・ヴェーバーの「カリスマ」の概念を手がかりにして、両者をつないでみせる。カリスマは、歴史的な意味でも論理的な意味でも、すべての合理的・合法的な支配に先行し、その基礎をなしている。しかし、純粋なカリスマの出現は、一時的・例外的な瞬間にのみ見られることであって、革命的な時期を過ぎれば、カリスマはそのカリスマ性を喪失していく、と想定されてきた。しかし、もし、カリスマが永続的・日常的な原理として常に活きており、社会の組織原理になっているとしたらどうだろうか。それこそ、〈力〉という観念そのものではないか。このような推論のもとに、さらに、アンダーソンは、呪術的宗教、宗教的合理化、世俗的合理化の間の歴史的・論理的な関係についての仮説を提起する。

今、アンダーソンの探究のスタイルを一つの例によって紹介した。この方法は、ジグゾーパズルを連想させないだろうか。壊れた容器の破片を組み合わせながら、全体の再構成を目指す作業のようなものを、である。一方に、「力」という破片があり、他方には、〈力〉という破片がある。この間に「カリスマ」という破片を入れるが、まだ両者の間は十分埋まらない。そこで、さらに「永続的なカリスマ原理」という自説を、もう一つの破片として挿入すると、それらがすべて連続的につながっていく。こんな具合である。

とすると、ここで、アンダーソンにとって特権的な意味をもった思想家ベンヤミン――たとえば『想像の共同体』初版の最終章のタイトル「歴史の天使」はベンヤミンからの借用である――を呼び込むことができる。ベンヤミンの初期の論考に「翻訳家の仕事」というエッセイがある。その中で、次のような趣旨のことが論じられている。破砕された壺の断片が一緒になって明確なかたちを作っていくとき、断片たちは細部まで適合しあうのだが、互いに似ている必要はない。翻訳はこれと同じである。翻訳は、原典の意味に自分自身を似せる必要はないのであって、むしろ、愛をもって、そして繊細に、自分の言語の中に、原典の「意味する仕方 Art des Meinens」に基づいて自分自身を形成すべきである。そうすれば、原典も翻訳もともに、より大きな言語の壊れた部分であったと認識可能になる。ちょうど、断片たちが壺の壊れた部分であったのと同じように、である。

　ここでベンヤミンによって記述されている翻訳のスタイルを、ベンヤミンの解釈者は、隠喩的翻訳から換喩的翻訳への転換などと呼んでいる。普通の翻訳は隠喩的である。原典との類似こそが翻訳の命であるとされている。この場合、原典と翻訳の間には垂直的な主従関係が前提にされていて、翻訳は原典にひたすら跪(ひざまず)き、原典に忠誠を誓わなくてはならない。ベンヤミンが提案している翻訳は違う。原典と翻訳とは水平に同じ平面に並び、姿を現してはいない同じ何かの部分として性格づけられるのだ。隠喩的翻訳は、真の創造性を原典にしか認めない。換喩的翻訳という捉え方をしたときには、翻訳の方にも独自の創造性が認められる。というより、換喩的翻訳によってこそ、真の創造性が触発されるのである。というのも、換喩的に翻訳されて初めて、原典もまた、ただ一つの断片でしかなかったことが明らかになるからだ。断片は必ずさらなる断片を請い求める。つまり、それは、もう一つの断片、もう一つの翻訳を刺激し、生産する。隠喩的翻訳は、原典によってあらかじめ与えられている全体性を再現することを目標とし、そこに漸近するが、そこを越えていくことはない。換喩的翻訳は、そこまでに現れている「全体」は実は偽もので、常に部分的でしかないことを示し続けるので、「全体」というものの神的・超越的な支配を打ち破ることになる。

ここから、私は次のように結論したい。ベネディクト・アンダーソンの仕事は、それぞれの文化に対する換喩的翻訳だったのではないか、と。たとえば、ここに紹介した研究は、ジャワの政治思想の換喩的翻訳（〈力〉→〈永続的カリスマ〉）である。アンダーソンの仕事に稀有（けう）な学問的喚起力があったのは、それが換喩的翻訳として、自ら一個の——常に未完でしかない——壺の破片と化し、その解釈の対象となっていた文化そのものの断片性を遡及的に照らし出し、そして、もう一つの断片をその度に招き寄せようと誘惑していたからである。『想像の共同体』の翻訳の歴史、『想像の共同体』の地伝は、次々と断片が現れ、決して完成しない壺を追い求めてきた軌跡、断片を拾いつつ聖杯を求め続ける旅と交通の記録と見ることができる。

ハンナ・アーレント

日本人はあの「革命」の敗者に共感している

——明治維新再考

ハンナ・アーレントの『革命について』は、フランス革命とアメリカ独立革命とを比較し、「政治的な自由の創出」という意味で後者だけが成功した革命だった、と見なした書物として知られている。[1] この中で、彼女は、アメリカ独立革命が確立した憲法体制がどのようにして正統性を調達したのか、どこから権威を得たのかという主題をめぐって、おおむね次のように論じている。普通は、政治の外部にある絶対者（神、教会等）に頼ることで正統性が得られるのだが、ヨーロッパの伝統から自分を切り離してきたアメリカではそれはできない。アメリカ独立革命は古代ローマに倣った。持続する新しいもの（政治体）を創設する行為、つまり建国という行為そのものが権威を含んでいた、というのだ。偉大なことを成し遂げた創設の行為に、自分たち自身が感動し、それに深い敬意を抱き続けること、これが権威となった、と。アーレントは、次のように論じている。

……新しい共和国の安定を保障したのは、不滅の立法者にたいする信仰とか、「来世」における報いの約束や罰の恐れなどではなく、また独立宣言の前文に挙げられている真理の疑わしい自明性でさえなく、実際は、創設の行為そのものが含んでいた権威であったと結論したくなるのである。この権威はもちろん、革命の人びとが彼らの法に妥当性を与える源泉、つまり新しい政府の正統性の根拠としてとり入れるのにあれほど必死になって探し求めていたあの絶対者〔神――引用者注〕、とはまったく異なるものである。(2)

古代ローマでは元老院が「建国の父」の代理人となることで、建国の行為が後世まで言わば持続的に反復されていた。アメリカでこの元老院にあたるのは、創設された憲法を解釈する権限をもつ最高裁である。

このように、アーレントによれば、アメリカ独立革命では、政治体を創設する行為そのものが、自己準拠的に正統性を調達する力を孕んだのである。それを可能にしたのは、われながら偉大なことを成し遂げたという自尊の感情である。

このアーレントの洞察を携えて、日本を振り返ったらどう見えるだろうか。幕末から明治維新の過程は、日本にとって一種の「革命」であった。この過程を振り返って、日本人もまた、それなりに偉大なことを成し遂げたという実感をもったに違いない。アメリカの独立革命に比べるといささかスケールが小さいが、それでも誇るに値する偉大なことを成し遂げた、と。この過程に、明治維新に続く時間を加えてもよいかもしれない。議会と憲法を創設し、二つの対外戦争に勝利し、最終的には、幕末に締結させられたいわゆる不平等条約を撤廃するまでの時間、要するに明治時代のすべてを含む時間を加えてもよいだろう。この半世紀ほどの時間を通じて、日本人は、偉大なことを成し遂げたと実感し、自らを尊敬し、誇る感情をもったのではないか。

ところで何を成し遂げたのか。言うまでもない。日本社会の全側面における西洋化である。おおむね西洋的と見えるような社会を創設し、実現したこと。これが明治維新を中核に含む長い革命的な過程の中で、日本人が自ら成し遂げた、と認識したことであろう。ただし、成し遂げたと言えるためには、模倣の対象となっている西洋そのものから、成果を承認されなくてはならない。西洋の列強との不平等条約が維持されている間は、そうした承認は得られていない。不平等条約をすべて返上したとき、日本人は、とりあえず、西洋もまた日本が成し遂げたことを承認したと判断したに違いない。

権威を自己準拠的に調達する創設の行為を歴史的に伝達する要素、つまり古代ローマの元老院、アメリカ合衆国の最高裁に対応するものは何か。日本でそれらの要素にあたるものは何だったのか。「元老」と呼ばれた政治家たちがそれである。ここで、少し不安がよぎる。元老院もアメリカ最高裁も、「建国の父」を代理する象徴である。しかし、日本の元老は、建国の父そのものである。元老には、だから、法に根拠をもつ制度による裏打ちがない。憲法にも、その他のいかなる法律にも、元老についての規定がないのだ。元老の影響力は、純粋にインフォーマルなものだ。にもかかわらず元老が、内閣総理大臣の人選をはじめとする政治的重要事項の決定に影響力をもったのは、日本人が、明治維新の建国に圧倒的な権威を認めたからではあるが、日本では、その権威が永続する制度の中に移されなかった——それがなぜかできなかった。元老は、いずれ全員が死ぬ。当たり前だが、実際にそうなった。最後の元老と呼ばれた西園寺公望が亡くなったのは、太平洋戦争が勃発するおよそ一年前のことであった。

＊

明治維新の創設の行為をもたらした正統性の感覚は、結局、持続しなかった。それこそが、日本の近代化の最大の弱点である。持続しなかった原因は、しかし、明治維新から長い時間が経過したからではない。明治維新の集合的な記憶が薄れたからではないのだ。もっとはっきりとした原因がある。

今、常識に従って、明治維新以降を「(日本の)近代」と見なすならば、その近代史を思い切って単純化し、概括的に捉えれば、次のようになるだろう。明治維新から始まる過程を通じて、日本人は、とりあえず自分たちはまさに成し遂げた、という自信めいたものをもったのだろう。しかし、その自信、その自尊の感情は、完全にキャンセルされてしまった。何がそれを粉砕したのか。もちろん、アジア・太平洋戦争である。戦争に完膚無きまでに負けたこと、そもそも満州事変や日中戦争を含み、最後にはアメリカとの対決へと至る戦争を始めてしまったこと、そうしたことがすべて誤りであった……と日本人は、戦争に負けたときに自覚した。この自覚が日本人に思い知らせたことは、自分たちはまだ何も成し遂げていなかった、ということである。

振り返ってみれば、日本が、その正当性に関して著しくあやしげな戦争を東アジアで始めてしまったこと、そしてアメリカとの無謀な戦争に突入してしまったということ、こうしたことの原因は、日本人に「われわれはすでに成し遂げている」という——もっと率直に言ってしまえば「われわれはすでに西洋の一員である」という——自己認知があったからである。しかし、戦争の結果は、それがまったくの過大な評価であったことを、否定しがたいかたちで証明してしまった。

それゆえ、日本は戦後、もう一度、ゼロから創設の行為をやり直さなくてはならなかった。そのやり直しは、ごく小さな成功を収めはしたが、明治維新ほどの権威を生み出すことはなかった。どうしてか。理由は簡単である。戦後の日本人は、ほんとうは創設していないからだ。アーレントが述べているように、外部の超越的な権威に依拠せずに正統性をもたらすためには、自らの手によって偉大なものを創設したという、強い実感と自覚が必要である。しかし、憲法を中核におく戦後体制に関して、日本人は、自らの力によって創設した、とは思えていない。率直に言えば、アメリカによって与えられた、あるいは少なくともアメリカの助けがなければ創設しえなかった、と思っているはずだ。

それゆえ、戦後の日本が成し遂げたことは、最も高く評価したとしても、主として、政治体の基本的な枠組みを前提にした上での、経済的な成功の範囲にとどまる。しかし、経済的にどんなに成功したとしても、自らの存在に対する正統性の確信——その根拠となる自尊の感情——は決して生まれない。そうしたものを生み出すためには、言わば、意味ある偉大なものを無から創設したのだという実感が必要だからだ。言わば、神の天地創造に類比させることができるような創設の行為を確かに自分たちは実行したのだ、という自信が、である。

だから、日本人は、敗戦後ずっと続く困難、「永続敗戦」(3)とも呼ぶべき閉塞を打破するためにも、結局、戦後の端緒を超えて遡り、明治維新の創設の行為に立ち返るしかない。そのときの創設の行為において獲得したものを、われわれは今日継承できるのか。それを再現し、反復することができるのか。

*

ここでしかし、さらに根本的な疑問がわいてくる。明治維新においてさえも、日本人は何かを真に創設したことになるのだろうか。先にも述べたように、明治維新の時期を中心におく長い革命が実現したものがあるとすれば、それは、日本社会の全面的な西洋化による体質改善のようなものである。「西洋」というモデルはすでに存在しており、お前は別にそれを自分で創造したのではなく、単に模倣しただけではないか、ということについては、特に気にする必要はない。仮に客観的にはすでにあったモデルをカスタマイズして取り入れるだけであったとしても、そのモデルの普遍的な価値を心底から納得し、自身の内発的な欲望によってそれをわがものとし、それにそった政治や社会を構築したならば、この行為は、その当人にとっては、一種の無からの創出である。日本は、このような意味において、明治維新で創設の行為を成し遂げた、と評価することができるだろうか。明治維新についての歴史の記述や、それ以上に歴史小説などのフィクションは、繰り返し、明治維新を偉大な創設行為として描こうとしてきた。しかし、ほんとうにそう評価してよいのか。日本人はそのような評価に、真に納得しているのか。

ここで素朴で率直な問いを発してみよう。明治維新を革命の一種と見なしたとして、その革命の担い手、革命の主体は誰だったのか。もう忘れられた古い語彙を使ってみよう。階級闘争という概念である。革命が階級闘争の一環、階級闘争のハイライトシーンだとして、どの階級が革命の中心的な担い手だったのだろうか。そして、勝ったのはどの階級か。そして負けたのはどの階級なのか。

わかりやすい比較の対照として、今度はアメリカ独立革命ではなく、フランス革命をとってみよう。明治維新は一種の市民革命と見なされており、市民革命の中の市民革命、その典型と見なされているのがフランス革命だからである。この革命の主たる担い手、つまり革命の主な推進者は、階級的には、当時「第三身分」と呼ばれた人々であった。革命は、王朝が徴税の承認を得るために、身分制議会「三部会」を招集したことをきっかけにして始まった。第三身分もまた、三部会に代表者を送ってはいたが、人口の圧倒的な大部分が第三身分であったことを思えば、彼らは、ほとんど代表をもたないに等しい状態だった。つまり、彼らは、社会的に「無」であるような階級だった。この第三身分に、一部の第二身分（貴族）――第三身分に同情的だったり戦略的にたちまわったりした第二身分――が加わって、革命が推進され、最後に、「第三身分がすべて」であるような社会がもたらされたのである。革命を通じて出現したのは、身分に関係ない「市民」や「国民」だが、このとき市民・国民の原型となっているのは、第三身分である。三つの身分をブレンドしたり、平均化したりして、国民や市民が生み出されたのではなく、革命は、第三身分を、市民・国民として一般化したのだ。それゆえ、革命の勝者は、第三身分だったことになる。

では、これと同じように擬似市民革命としての明治維新を見たらどうなるだろうか。この革命の担い手がどの階級・身分に属していたかは、見間違えようがないほどにはっきりしている。武士である。江戸の幕藩体制の四身分構成においては、一応、頂点に属する階級である。とはいえ、武士の中では底辺に近いところにおり、たいてい貧困だった「下級武士」などと呼ばれる者たちが、革命の主体である。ただし、重要なことなので付け加えておくが、いくら下級だったとはいえ、彼らが武士というアイデンティティを嫌悪していたわけではない。逆である。武士であることこそが彼らの自尊心の中核であり、彼らは、まさに武士としての誇りをもって革命に参加した。

　武士以外の身分に属する者たちは、明治維新という革命に対しては、事実上は傍観者であった。たとえば、人口としては圧倒的な多数を占めていたはずの農民は、革命に対して基本的には無関心である。彼らは革命にも、逆の反革命にも関与していない。あるいは、「市民」という特徴づけには最も適合的で、四身分のハイアラーキーではボトムに置かれていたという意味では冷遇されていた——そして江戸時代を通じて経済力をつけてきたときに大名に対してすらも影響力をもつ者も現れていた——商人や町人もまた、革命に対しては傍観者であった。革命後に繁栄した商人と没落した商人がいたが、それは、革命による社会的環境の激変に巧みに適応できたものと適応に失敗した者の差である。商人・町人は、環境の変化の推進者ではなかった。彼らにとって明治維新の革命は、外から襲ってきた嵐のようなものだった。

　明治維新という革命の担い手、そして勝利者は、それゆえ当然、（下級の）武士である。と、断定したとたんに、われわれは矛盾に逢着（ほうちゃく）する。フランス革命では、第三身分が主体になって、「国民＝第三身分」と見なしうる社会を到来させた。しかし、明治維新では、武士は勝者のはずなのに、逆に、武士自体が消滅してしまった。それでは、下級武士たちは、まさに武士としては下級であったがゆえに、武士という身分やライフスタイルの解消を目指していたのかと言えば、今しがた述べたように、そうではない。彼らは、武士であることに強い愛着をもっていた。彼らは、本来、ある種の「武士の世」を、自分たちが下級であることを返上できるような武士の世を実現しようとしていたはずである。

このことは、明治維新の推進者たちが、士農工商の身分の階層制を維持したかった、という意味ではない。多くの者は、この点について明確な展望をもっていなかったと思うが、しかし、こうした身分制は廃止されるべきだ、という見解をもっていた者も少なからずいたはずだ。ただ、問題は、平等化によって得られる人民や国民なるものの原型を与える階級は何か、ということである。繰り返し述べているように、フランス革命が生み出した平等な市民とは、第三身分がヘゲモニーを握ること、第三身分的なものが普遍化されることを意味している。明治維新を推進した下級武士たちが、仮に、ある種の平等性を実現しようとしていたとして、その平等な国民に具体的なイメージを与えている像は、武士である。武士的なエートスをもっている者こそが、国民の原型として想定されていたに違いない。決して、皆が農民や町人であるような社会が目指されていたわけではない。

明治維新が革命たりえたのは、それまで、藩やイエへの所属の意識をアイデンティティの根拠にしていた下級武士たち（の一部）が、藩やイエといった境界を横断する「挙国一致」の体制を築いて困難（列強からの脅威）を乗り越えなくてはならない、という強い自覚をもったからである。しかし、このときの挙国一致は、身分の差異を超えて、という意味ではない。武士たちの間の差異、つまり藩やイエごとの分断を還元する、という意味だ。目指されていたのは、まずは、藩やイエを横断する武士たちの間の連帯である。これがある程度は実現できたことが、明治維新を成功させた。

しかし、明治維新によって結果的には武士的なもの自体が消えてしまった。はっきり言えば、明治維新によって最も損をした階級、特権の剥奪の度合いが最も大きかった階級は武士である。武士は完全に消滅したという意味で、純粋な敗者である。明治維新を階級闘争の観点で見たときに奇妙なのは、勝者と敗者が完全に一致してしまうことである。フレドリック・ジェイムソンに「消滅する媒介者 vanishing mediator」という概念がある。それは、ある移行過程を推進する中心的な原因でありながら、移行の完遂とともにその存在の痕跡を消してしまう媒介者のことである。このときの武士ほど、この概念に適合的な現象はめったにあるまい。

明治維新とは、このように、勝者と敗者が完全に一致してしまう革命である。武士は勝者だが、同時に、勝者らしい利益は何も得られず、むしろ武士としてもっていた特権をすべて失った。加えて、武士的なエートスは、つまらない価値観として捨て去られた。この矛盾の帰結が、西南戦争をはじめとする維新末期の士族反乱である。西南戦争の他に、よく知られた士族反乱としては、佐賀の乱、神風連の乱（熊本県）、秋月の乱（福岡県）、萩の乱（山口県）などがある。鹿児島で勃発した西南戦争をはじめとして、圧倒的に西日本に偏っている。西日本の外様のイエこそが、革命の担い手となった下級武士を最もたくさん輩出した藩だったことが、こうした偏りの原因だ。彼らこそ、勝ったはずの者が敗者になっているという矛盾に、最も過酷なかたちでさらされたのである。

＊

さて、問いは、明治維新という革命が、価値のある、新しく持続的な政治体を創設する行為だった、と評価することができるだろうか、というものであった。今見てきたような、勝者＝敗者という矛盾が教えてくれることは、次のことである。革命の渦中にあってそれを推進していた者たちは、もちろん、何かそれまでにはなかった新しいものを創り、そして獲得していったのではあるが、そのたびに、それは自分たちが意図していたものとは違う、もともと欲していたものとは少し違っている、と思ったはずだ。意図的な創設があったのではなく、意図せざる実現があった、と見るべきである。一旦不可逆的に実現してしまえば、ことは遡及的に正当化される。まるで最初からそれを欲し、意図していたかのように、自己意識の書き換えが生ずるのである。

もともとは、武士的なものの普遍化によって平等が実現されることを意図していた。しかし、手に入れたものは、別のタイプの平等であり、そこからは、武士的なものはすっかり排除されてしまっている。このとき、われわれはもともとこのような平等な社会を求めていたのだ、と言い換えるのだ。これは、しかし、欺瞞である。このような欺瞞を伴った行為に対して、「偉大なものを成し遂げた」という認識を付与することは難しい。もちろん、意図せざる結果が出るのは歴史の常態であって、人間の意図通りに実現したものなど何一つとしてない、と言うべきである。しかし、明治維新のケースは、こうした一般論の中には回収できない。というのも、意図していたことと実際に獲得したものとが、まったく正反対だからだ。武士的なものの勝利を目指していたのに、実現したのは、その敗北、武士的なものの歴史からの完全な排除だったからである。

このように事態が進行したとき、どうしても次のようなことが生ずることになる。すなわち、敗者が勝者のすぐ脇にいたり、勝者の中から発生したりするのだ。フランス革命であれば、敗者は、勝者から社会的に最も遠いポジションにいる。王党派の貴族（第二身分）とか、カトリックの聖職者（第一身分）などは、第三身分が勝利したこの革命で敗者の位置に置かれた。しかし、明治維新の場合には、勝者と敗者の社会的な位置はきわめて近く、ほとんどなきに等しい。革命の担い手は、いずれにせよ、（下級の）武士である。最後まで武士的なもの、武士的な精神や生き方に執着していれば、敗者に回される。途中で、武士的なものを放棄することができれば、勝者になることができる。

＊

現代の日本人はたいてい、明治維新に対してポジティヴな思いをもっている。戦後の民主化に対しては、熱い思いをもつことはできない。しかし、明治維新は違う。そこで、日本人が自らの手で偉大なことを成し遂げたように感じているからだ。だが、明治維新へと差し向けられている日本人の熱い視線をよく見ると、微妙なことに気づく。現代に至るまでの日本人の強い愛着の対象になっている者、深い共感の対象となっている者は、維新における勝者ではなく、そのすぐ脇にいた敗者たちなのである。勝者よりも敗者の方がずっと愛されている。

いくつか例を挙げておこう。たとえば新撰組。新撰組は、敗者に回された下級武士の吹き溜まりのようなものである。幕末のある時期、彼らが勝者になるのではないか、と思えたときがあった。だが、それはきわめて短い期間であった。気がついたときには、彼らは革命の敵にされていた。しかし、新撰組は、日本人に非常に愛されている。歴史の藻屑(もくず)のように消えていったこの集団に関して、数え切れないほどのフィクションが作られてきたのはそのためである。

あるいは西郷隆盛。勝者の集団の中から出てきた敗者の典型中の典型が、西南戦争で果てた西郷隆盛であろう。大久保利通は勝者として人生をまっとうし、西郷は最後に敗者になった。しかし、大久保よりも西郷が愛されており、大久保も立派だが、西郷はそれよりはるかに器が大きい、というのが日本人の一般的なイメージだ。

もう一人挙げるとすれば、坂本龍馬であろう。龍馬は神格化されている。だが今日の歴史学の実証的な視線は、彼がたいしたことをやっていなかったことを教えてくれる。龍馬がなしたとされているさまざまな業績は、後に作られた伝説や誇張である。日本人は、しかし、その龍馬の伝説をどうしても捨てることができない。日本人は、愛すべき敗者、愛すべき武士の像を、途中で死んでしまったこの浪人に投影してきたのだ。

要するに、明治維新において敗者となった武士に日本人は深い共感を寄せている。次のようなイメージを抱くことができる。敗者である武士は、幽霊のようなものとして日本人に取り憑いており、今日まで生きているのだ、と。ということは、言い換えれば、日本人は、勝者となった方の武士(武士であることを放棄した武士)ではなく、敗者になってしまった方の武士の果たされなかった願望をこそ、できることならば受け継ぎたい、と思っているのである。

こうした思いは、戦後になって生まれたものではない。明治維新のすぐ後からこのような思いは発生し、ずっと継続している。その証拠は、明治における「武士道」の流行である。「武士道」という語は、まさに武士の時代から一般的だったと思われるかもしれないが、そうではない。菅野覚明によれば、この語が多用され、広く用いられるようになったのは、明治期になってからである。江戸期にも少しずつ使われているが、武士が武士らしく活躍していた戦国期には、「武士道」などという表現はほとんど見られない。そして、真に「武士道」という語が流行ったのは、武士がとっくにいなくなった明治の中期になってからである。菅野覚明は、この「明治武士道」が、ほんとうの武士の倫理観やエートスといかに異なっているかということを強く主張している[4]。その通りではあるが、近代社会の新しい精神の規範的な像を、新渡戸稲造をはじめとする指導的な知識人が、「武士道」という言葉で表現したかった、という事実の意味をわれわれは考えるべきである。敗者となっている武士を復活させたかったのである。しかし、勝者たちの作った社会や制度を、斥けられた敗者のエートスで記述することは不可能だ。かくして、武士道ではない武士道、明治武士道が生まれてしまう。

いずれにせよ、私の考えを述べておこう。われわれは明治維新から一五〇年以上を経た今日でも、敗者となった武士の無念に深く共感している。もしわれわれが、その願望を完全に受け止め、それを実現することができれば、われわれ日本人は、このとき初めて、真に、偉大なもの、偉大な社会を創設した、という自己確信を得ることができるだろう。だが、武士というものは、基本的には個人主義的で私的な戦闘者である。そんなものたちが跋扈し、活躍する社会を作れ、ということなのか。

もちろん違う。武士としてのエートスを継承しながら、しかし、私的な戦闘者たちが競争しあうという像とはまったく違った社会がありうるのではないか。たとえば、マックス・ヴェーバーの『プロテスタンティズムの倫理と資本主義の精神』のことを思うとよい。プロテスタントのエートスは、資本主義の担い手の中に継承され、生きている。資本主義を構成する資本家や労働者たちは、もはや、熱心なクリスチャンではないかもしれない。しかし、エートスとしてはプロテスタンティズムは生き、歴史の勝者になったのである。同じように、武士のエートスを歴史の墓場から救い出し、現代に生きる勝者とすることができれば、日本人は確実に何かを創設したことになるだろう。

最後にもう一度、ハンナ・アーレントが述べていることに立ち返ろう。『人間の条件』の中でアーレントは、自然の循環過程の拘束から抜け出すという意味での、「行為」の自由を保証する、それじたい自由な「行為」のひとつとして、「約束」の能力を挙げている。約束をし、その約束を守る能力を、である。[5] このアーレントの議論を念頭におけば、現在のわれわれが敗者に共感しているということは、次のことを含意している。われわれは、その敗者が、後続世代に対して――といういうことはわれわれに対して――、「何か」を約束していたのを直感しているのだ。彼らは全力を尽くしたが、その約束を果たすことができずに敗れ、死んでいった。われわれは、敗者たちの思いを引き継ぎ、その「何か」を実現したいと願っている。それこそが、われわれの「共感」の実態である。「何か」とは何なのか。それを明晰に掴み、実行することが、現在の日本人に託されている。

注

（1）ハンナ・アレント『革命について』志水速雄訳、ちくま学芸文庫、一九九五年。
（2）同書、三一八―三一九頁。
（3）白井聡『永続敗戦論――戦後日本の核心』太田出版、二〇一六年。
（4）菅野覚明『武士道の逆襲』講談社現代新書、二〇〇四年。
（5）ハンナ・アレント『人間の条件』牧野雅彦訳、講談社学術文庫、二〇二三年、四一〇―四一五頁。ここでの「行為 action」は、アーレントの固有の概念である。彼女は、人間の活動的生活は、「労働 labor」「仕事 work」「行為」の三つの活動から成るとしている。これらの中で最も重要な「行為」は、ある種の言語的なコミュニケーション、人間個人がそれぞれの固有性を、言語を通じて示し、認め合うコミュニケーションを意味している。「行為」の、不可逆的で予知不可能な連鎖は、自由の可能性にとっての脅威となる。アーレントによると、これに対抗する「行為」がある。不可逆性に対するのが「許し」の能力であり、予知不可能性に対するのが「約束」の能力である。

マックス・ヴェーバー

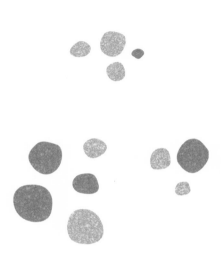

社会学史上最も美しい理論

社会学史上最も美しい理論（セオリー）、単に美しいだけではなくきわめて重要な理論、そして初学者でも知ってはいるが、その意味が未だに十分に汲み尽くされてはいない理論、それは、資本主義の誕生の機序について説明した、マックス・ヴェーバーのテーゼであろう。

まずはヴェーバーの問いが大きい。ちまちました問題ではない。ヴェーバーが探究しようとしたことは、「西洋とは何か」、ということである。ある時期より地球上のすべての社会や文化に対して覇権的な影響力をもつようになった文明、西洋とは何か。それを、ヴェーバーはさまざまな角度から解明しようとしたのだが、その一つとして、近代的な資本主義が、とりわけ経済的に後進的な地域だった西洋で、しかも西洋でのみ誕生したのはなぜなのか、を問うた。その回答はよく知られている。鍵は、〈プロテスタンティズムのエートス（倫理）〉にある、と。ヴェーバーのテーゼとは、つまり、

〈プロテスタンティズムのエートス〉が、〈資本主義の精神〉をもたらす規定的な要因となった。というものだ。資本主義（の精神）の誕生につながる原因は、もちろん、無数にある。その中で最も重要であり、しかもトリヴィアルではない原因、それが、ヴェーバーによれば、プロテスタンティズムのエートスである。

プロテスタンティズムが優勢な地域、プロテスタントが多い地域と、資本主義の「優等生」がおおむね重なっている。この事実は、多くの人が気づいていた。たとえば、所得の多い順に、あるいは研究・開発への投資額が多い順に、国や地域を並べてみるとよい。上位の八割以上は、プロテスタントが多数派であったり、文化的にプロテスタンティズムの影響が強かったりする地域・国になるに違いない。ウォーラーステインがいう近代世界システム（資本主義的な世界‐経済）では、これまで、三つの覇権国が交替してきた。オランダ、イギリス、そしてアメリカである。すべて、プロテンタンティズムが優位にある国である。

ヴェーバーがすごいのは、だが、こうした対応――プロテスタンティズムの普及範囲と資本主義の先進国の分布の間の対応――に気づいたからではない。この対応の事実だけなら、ほとんどの人が気づいている。ヴェーバーの偉大さは、両者の間にどのような関係があるのか、そのつながりを説明した点にある。だから、「理論」になるのだ。

〈プロテスタンティズムのエートス〉と〈資本主義の精神〉とのつながりは、逆説の中の逆説である。このことは、いくら強調してもしたりない。言い換えれば、一見したところ、プロテスタンティズムほど、資本主義に対して敵対的な教義をもつ宗教は、ほかに見当たらない。たとえば、資本主義には、一般には、際限のない貪欲さが結びつけられている。しかし、プロテスタンティズムの教えの中に、貪欲さを肯定する要素は、ほんのわずかもない。逆に、プロテスタントは、禁欲へと、しかも――仏教等の世俗外的なそれではなく――世俗内的な禁欲へと強く方向づけられている。そのような宗教が、どうして、いつの間にかに、底なしの貪欲を特徴とする精神へと転換したのか。

＊

逆の角度からみれば、〈資本主義の精神〉をもたらしそうな宗教、資本主義に適合的に見える宗教は、ほかにたくさんある。たとえば、イスラーム教である。イスラーム教が、徴利を禁じているので、資本主義には不向きであるとする俗説があるが、そんなことは問題ではない。利子に対する嫌悪という点では、もともと、イスラーム教よりもキリスト教の方が強かったのだから。むしろ、イスラーム教は、いかにも資本主義の温床になりそうな特徴をいくつももっている。

たとえば、イスラーム教圏での商人崇拝。イスラーム教圏では、商人は、深く尊敬される模範的な人間類型である。商人は、戦士のように遠方に及ぶ冒険を企てる名誉ある人間だとされてきた。その上、商人は戦士よりも優れている点が少なくとも一つある。戦士は人を傷つけるが、商人は誰にも危害を加えず、それどころか、皆を幸福にする（ちなみに、ムハンマドも商人である）。イスラーム圏での商人崇拝が生み出した、虚構の文化英雄の一人が、『千夜一夜物語』のシンドバッドである。彼は放蕩が原因で全財産を失った後、若い頃に、遠い異国への商人的な冒険を経験した結果、ついに巨万の富を手に入れた……ということになっている。西洋のキリスト教世界が——プロテスタントであろうが、それ以前のカトリックの段階であろうが——、このように商人を「かっこいい」とみなし、英雄視したことがあったか、考えてみるとよい。西洋の中世には、たとえば騎士をロマンチックに賛美し、英雄的に描いた物語や伝説はたくさんある。しかし、シンドバッドのような商人を、主人公にした物語など、中世の西洋には、一つもない。

資本主義は、商人を尊重したイスラーム圏の中からこそ、誕生すべきだったのではないか。実際、その兆候があったように思える。たとえば、中世の末期で比べれば、西洋は、概して後進的な片田舎だが、イスラーム圏のバグダードのような都市は、人口も多く、経済的にも大いに繁栄していた。イスラーム圏の大都市は、資本主義まであと一歩だ、と言いたくなる状況だったのだ。

ところが、どういうわけか、商業や資本主義にとって有利なことは一つもないような宗教、プロテスタンティズムが、まず資本主義への離陸を実現し、圧倒的に先行したのである。今日に至るも、イスラーム圏は、資本主義への適応という点で非常に——たとえば中国以上に——苦戦しているように見える。どうしてなのか。この謎を解く鍵が、ヴェーバーのテーゼにある。

＊

このテーゼの逆説性を際立たせているのは、ヴェーバーが、プロテスタンティズムの中でもとりわけカルヴァン派の予定説を重視したという点である。先に、プロテスタントが多数派であるような地域は、資本主義の優等生だと述べたが、中でもカルヴァン派の伝統が強いところが、先頭に立っている。だから、当然にも、カルヴァン派に注目しないわけにはいかない。カルヴァン派の根幹となる教義が予定説である。しかし、それこそ真の謎だ。予定説が、いかにして資本主義の精神につながりうるのか。深い深い疑問をもたざるをえない。というのも、予定説は、資本主義どころか、そもそも、人間の行動に一切の影響を与えそうもない教えだからだ。わざわざこんなものを信じる人がいることだけでもふしぎに思ってしまう教義なのだ。

予定説とは、それぞれの人が救われるのか呪われているのか、最初から（宇宙の誕生の前から）神によって決定されており、人間のいかなる行動も、その決定を変更することができない、とする教義だ。しかも、人間は、神がどのように決定しているのか、最後の最後まで（つまり最後の審判のそのときまで）まったくわからない、とされる。この教義は、人間の行動に、まったく作用しないように思える。人間に善行を促すでもなく、悪行へと誘うわけでもない。そもそも、信じたところで、あなたの救済の確率が少しでも高まるわけではない。

人間の行為を特定の方向に、たとえば「善」や「法」に向かわせようとするとき、一般に、宗教は、それによって（何らかの意味での）救済の確率が高まる、と説く。たとえば、仏教は、善業の蓄積によって、解脱(げだつ)の確率が高まっていく、とする。人間同士だってそうだろう。従業員を働かせたければ、経営者は、従業員に、がんばってよい仕事をすれば給料が上がるだろう、と説くはずだ。もし、経営者が、従業員に向かって、「あなたたちそれぞれの給料がどのくらいになるかはあらかじめ決めてあり、あなたがたがどんな仕事をしようが、それは変わらない」と宣言したらどうなるか、想像してみるとよい。従業員たちはまったく仕事への意欲を失い、目一杯怠けるに違いない。

ところが、予定説は、どういうわけか信者を徹底的に行動的・能動的にしたのだ。その結果として、意図せざる結果として、資本主義が生み出された。どのような論理が効いて、予定説が資本主義へと転換したのか。それを説明しているのが、ヴェーバーの理論である。

＊

その理論がどのような内容なのか、ここでは立ち入らない。代わりに、この理論がいかに大きな逆説性と美しさを備えているかを予感してもらうために、次のことだけを言っておこう。ヴェーバーのテーゼは、とりわけ予定説と資本主義との関係は、ゲームの理論で「ニューカムのパラドクス」と呼ばれている設定に言い換えることができる、と。ニューカムが提唱したから、このような名前が付いているわけだが、実は、ニューカムに会ったことがある（という自覚をもっている）人は誰もいない。ニューカムと名乗っている人物が誰なのか、特定されていないのだ。ただ、一つのことだけはわかっている。ニューカムの専門は、量子力学である、と。

ニューカムのパラドクスは、量子力学の世界では実際に生起することである。しかし、量子力学こそふしぎの中のふしぎである。量子力学的に起きることは、まったく不可解なことだ。リチャード・ファインマンは、アインシュタイン以降最も優秀な物理学者だと評価され、ノーベル賞も受賞している量子力学の泰斗、あのファインマンは、こう言っている。「量子力学を理解している者は誰もいない」と。つまり、量子力学を理解するということは、それが理性による理解の範囲を超えている、ということを理解することなのだ。「私は量子力学を完全にわかった」という言明こそ、その人が量子力学をほんとうは理解していないことの証拠になる。

量子力学的な現象の中でも、とりわけ不可解なことに、因果関係の時間的な遡及がある。因果関係は、定義上、過去から未来（現在）へと作用する、と普通は考えられている。ところが、量子力学の世界では、ときに、未来（現在）のことが過去へと因果関係を及ぼすことがあるのだ。未来（あるいは現在）の観測が、観測される粒子／波動の過去の振る舞いを決定している……そのように説明するほかないようなことが起きるのである。どうやって、すでに起きてしまっていること（過去）を変えることができるのか。あるいは、こう問うても同じである。粒子／波動は、どうして、未来のことを知っていたのか。

この量子力学的な現象を、ゲームの理論のように再定式化したものが、ニューカムのパラドクスである。実は、〈プロテスタンティズムのエートス（予定説）〉と〈資本主義〉との関係は、ニューカムのパラドクスとして解釈することができるのだ。ヴェーバー自身がそう言っているわけではない。量子力学が本格的に展開したのは、ヴェーバーの死後であり、彼は、量子力学のことは——まして ニューカムのパラドクスは——まったく知らなかったのだから（ちなみに、ヴェーバーが『プロテスタンティズムの倫理と資本主義の精神』を書きあげた年は、アインシュタインが特殊相対性理論を見出した年と同じ、一九〇五年である）。ただ、われわれが現在手に入れている理論の道具を用いて、ヴェーバーのテーゼを解釈しなおせば、それは、ニューカムのパラドクスによって表現できる、ということである。言い換えれば、プロテスタンティズム（特に予定説）と資本主義との関係は、量子力学と同じくらいに謎めいていて、不可解なのだ。

ジャン＝ジャック・ルソー

一般意志は全体意志にあらず

ルソーは、『社会契約論』（一七六二年刊）をこう書き出す。「人間は自由なものとして生まれたが、しかもいたるところで鉄鎖につながれている」と。「鉄鎖」とは、政治権力による拘束のことである。人の集合的生活において政治は不可欠だ。『社会契約論』の主題は、こうである。「それによって各人が、すべての人々と結びつきながら、しかも自分自身にしか服従せず、以前と同じように自由であるためには」どうしたらよいのか。自由と連帯はどのようにしたら両立できるのかが問われていることになる。どうしたら自由と権力を両立させることができるのか、どのような権力であれば、自由を抑圧したことにならないのか。

この問いに対して、『社会契約論』が与えている回答の基本的な筋は以下の通りだ。まず人々の自由な意志にもとづいて、政府の設立が合意されなくてはならない。これが社会契約である。ここで死活的に重要なことは、政治社会、つまり国家を生み出すこの契約は、全員一致の合意によらなくてはならない、という点だ。確かに、ここで「全員一致」でなければ、一部の人にとっては、政府の設立だけでも、鉄鎖を、つまり自由の抑圧を意味してしまう。全員一致は、絶対に譲れない条件だ。

だが、ルソーに対して疑問を呈したくなるはずだ。政府設立に対する全員一致の合意は可能なのか。それが可能だとする保証はあるのか。たとえば、ルソーが影響を受けたホッブズであれば、人々が全員、自然権を主権者（リヴァイアサン）に譲渡することに合意するのはどうしてなのか、ということを説明する「理屈」がある。しかし、ルソーの場合は、社会契約が全員一致の合意によって成立するのはどうしてなのかを説明してはいない。ただ、ルソーには確信があるのだ。それが可能だという。この確信はどこから来るのか、後に問題にするだろう。とにかくまずは、基本の筋を追ってしまおう。

設立された政府は、法に基づいて行動する。法が、人民自身が制定したものであれば、つまり人民の「一般意志」の表現であれば、人民は結局、自分で自分を規制しているのだから、彼らの自由が侵されたことにならない。これがルソーの最も基本的な主張だ。

だが、直ちに反論が出されるだろう。法を制定するとき、常に全員一致の合意が得られるとは限らないのではないか。というより、全員一致に至らない場合の方が、圧倒的に多いのではないか。政府設立のための最初の社会契約に関しては、仮に全員一致の合意が可能であると認めたとしても、さすがに、すべての法の制定に関して、全員一致の合意を要求するわけにはいかないのではあるまいか。全員一致を法の制定の条件にしたら、必要な法は整えられまい。

もちろん、その通りである。ルソーもそんなことはよくわかっている。法を制定する決定に関しては、全員一致で合意する必要はない、と。しかし、そうだとすると、ますます反論せざるをえなくなる。合意できなかった者にとっては、政府の合法的な行動が、自由の抑圧、自由の否定ということになるのではあるまいか。これでは、自由と権力の両立という本来の目的に反するのではないか。

そんなことはない、というのがルソーの見解だ。制定された法が一般意志に合致していればよいのだ、と。ここで『社会契約論』の最も重要な概念、神学由来の概念、一般意志なるものが決定的な鍵を握る。一般意志に従っている限りは、人民の自由は抑圧されたことにはならない。ルソーの考えでは、一般意志は無謬(むびゅう)である。一般意志とは一体何なのか。

それぞれの個人は特殊意志をもつ。一般意志は、人々の多数の特殊意志を何らかの仕方で足し合わせたものではないか、と考えたくなる。実際、われわれは、民主主義をそのようなものだと考えている。しかし、ルソーがこの点に関して述べていることこそ、『社会契約論』における最もデリケートな命題である。一般意志と全体意志とは異なる、と。全体意志こそ、特殊意志を足し合わせたものである。さて、すると、ますますわからなくなる。一般意志とは何なのか。

さらに困惑させることに、ルソーは、一般意志は多数決によって決められるかのようにも語る。となれば、一般意志は全体意志と同じことになってしまうのではないか。「ジャン゠ジャック・ルソー問題」(エルンスト・カッシーラー)は、この一般意志なるものの身分が定かではないことからくる。一方で、ルソーは、個人の自由の熱烈で頑固な擁護者である。『社会契約論』の主題(自由に対するいかなる抑圧もない権力の探究)がこの上なくはっきりとこの点を示している。しかし他方で、特殊意志とは独立しており、決して誤ることのない一般意志なるものを認めてしまえば、それは、むしろ全体主義の擁護につながる。彼は自由主義者か、全体主義者か。これがルソー問題だ。

*

ルソーは、次のように述べている。「十分に情報をもった人民が討議する際に、市民たちがあらかじめ互いの間でコミュニケーションをとっていなければ、多くの小さな差異が集まって、その結果、常に一般意志が生み出されるから、その討議は、常によいものとなるだろう」

これはまことに奇妙な主張である。二つの意味において不可解だ。一つは、ルソーの論述とは独立に誰もが知る経験則との関係で、もう一つは、ルソー自身の議論のコンテクストの中で。第一に、われわれの経験からすれば、十分に話し合ったあとに投票した方が、孤立した個人が投票するよりもたいていよい結果が出る。どうして、あらかじめコミュニケーションをとってはいけないのか。そもそも、討議すること自体が、互いの間のコミュニケーションではないのか。第二に、ルソーには、透明なコミュニケーション、隠し立てのない率直なコミュニケーションへの著しい愛着がある。それなのにどうしてルソーは、一般意志を導きだすにあたっては、事前のコミュニケーションを禁じているのか。

ここでルソーがあらかじめコミュニケーションをとってはならないと述べているのは、政治社会全体と合致するような大きな団体とは異なる「部分的結社であるような徒党」が形成されるのを阻むためである。徒党が組まれると、実質的に投票者の数——厳密には投票者の間の多様度——が小さくなる。ルソーは、できるだけ多くの「小さな差異」が集まった方がよいと考えていた。

こうしたことを考慮して、ルソーのこの部分は、コンドルセの「陪審定理」の線にそって解釈するのが定説となっている。ルソーがこの定理を知っていて、ここで活用している、という意味ではない。ルソーは、陪審定理にあたることを、直感的に先取りしており、それがのちにコンドルセによって明晰に定式化された、という趣旨だ。

陪審定理とは、多数決によって正解が選ばれる確率についての定理である。投票権をもつ者が平均して二分の一より高い確率で正解を選ぶ能力をもっていると仮定する。このとき、投票者が多ければ多いほど、多数決で正解が得られる確率が高まっていく。これが陪審定理の内容だ。この定理のエッセンスを理解することは、それほど難しくあるまい。当たりが外れよりほんの少しだけ多いクジ引きを考えるとよい。当たりクジ(正解)と外れクジの比率が、6：4としておこう。クジを引く人が一名しかいなければ、当然、四割の確率で外れる。三名のときでも、まだ、外れが多数派(全員外れか、二名が外れ)となる確率はかなり高く、三分の一を超える。しかし、もし一〇〇〇名がクジを引くとすれば、どうだろうか。当たりクジを引く人の数は、クジそのものの当たりの比率(この場合は六割)に漸近し、外れクジを引く人が多数派になる確率は、ほとんどゼロになる。

ルソーが言いたかったことは、陪審定理に基づいて解釈すれば、容易に理解できる。もし、各個人が一般意志という正解を探り当てる確率が二分の一より高ければ、投票者の数は多ければ多いほどよい。いくら投票者がたくさんいても、彼らが徒党を組んで少数のグループに別れてしまえば、たとえば一〇〇〇名が三つの政党に分かれてしまえば、三人しか投票者がいないときと同じことになってしまう。だから、ルソーは、「徒党を組むな」と主張したのである。

もしこのように解釈できるのだとすれば、一般意志に関していくつかの条件が成り立っている、とルソーは考えていたことになる。第一に、一般意志は、「正解」という形式で存在していなくてはならない。何であれ、投票で多数派になったものが一般意志になる、ということではないのだ。一般意志は、投票の結果とは独立に「正解」として定義できなくてはならない。第二に、人は、投票において自分の特殊意志を表明するわけではない。一般意志は何か、という観点で投票しなくてはならないのだ。たとえば、日本社会で、原発の存廃について投票するというケースで考えてみよう。各人は、自分が原発を欲しているのか、自分にとって原発がある方が得か損かという観点で投票してはならない。そうではなく、日本にとってどちらがよいのか、日本は原発を欲しているのか――欲すべきなのか、という基準で投票しなくてはならない。第三に、一般意志が何であるかを各個人は直接には知りえないとしても、彼ら各々が、平均して二分の一を上回る確率で、一般意志が何であるかを正しく判断できなくてはならない。要するに、正解率は二分の一を超えていなくてはならない。

これら三つの条件の中で最も重要なのは、すべての前提になっている第一の条件だ。特殊意志の集計ということとは独立に、一般意志は定義できなくてはならない。多数決のような何らかの集計方法は、一般意志を発見するのに役立つかもしれないが、集計結果が定義上、一般意志になる、というわけではない。さて、そうだとすると、一般意志は何なのか。

*

『社会契約論』だけからこの点を理解するのは難しい。ルソーの他の著作を読む必要がある。先ほど、ほんのわずか言及したが、ルソーにはコミュニケーションの透明性への偏愛がある。この事実を軸に、かつてジャン・スタロバンスキーは、ルソーの精髄を見事に引き出し、一貫した読みを提案した。透明なコミュニケーションとは、「なにひとつ相互の間に介在させることなしに、個人と個人が純粋に意識と意識を互いに提示し合うこと」(『ルソー 透明と障害』)である。

たとえば、ルソーにとっては、衣服や礼儀作法は「悪いこと」である。それらは、外見や行動の外形を装うことで、本心を偽るからである。それどころか、「言語」すらも、ルソーから見れば、なしで済ますことができればその方がよいもの、必要悪だ。言語があるために、人は嘘をつくことができるようになったからだ。あるいは、嘘をつく意図はなくても、言語化されることで、内面の意識の実態はいくぶんか歪曲され、隠蔽されるからだ。小説『新エロイーズ』でルソーはこう書いている。「言葉の冷たい媒介なしにいかに多く熱烈な感情が伝えられることでしょう!」

ルソーに『告白』を書かせたのも、彼の透明性への情熱である。『告白』には、率直に、こう書かれている。「生来、私は感じたり、考えたりすることを隠しておくことはまったくできない人間なのだ」「私の水晶のような透明な心は、そこにひそむ些細な感情をものの一分も隠しておけなかった」と。普通、告白と省察はほとんど同じものだと考えられている。省察の結果を語ることが告白だというのが、一般的な理解だろう。しかし、ルソーにとっては、省察は、透明性の極にある

「告白」の反対物である。『ルソー、ジャン＝ジャックを裁く』では、省察の問題が指摘されている。省察によって、人は「外面を取り繕い、視線や様子や態度を操作し、外観を自由に支配」する、と。慎重さや隠し立ては「悪人たちの第一の技術」とまで言われているのだ。

ルソーは音楽を愛し、同じ芸術でも、演劇を憎んだ。ルーが音楽を賞賛するのは、音楽、たとえば自発的な斉唱は、複数の魂を直接的に共鳴させ、結びつけるからである。彼が演劇を憎んだのは、演劇は——とりわけ役者が仮面を付けることを基本としていた当時の演劇は——内面を隠す不透明な芸術だからだ。

自己愛 amour de soi-même と自尊心 amour-propre の間にルソーが見た有名な区別は、コミュニケーションの透明性と不透明性の区別に対応している。ルソーは、『人間不平等起源論』で、自他の間が完全に透明であるような状態、つまり自他が完全に溶解している経験の様態を、「自然人」の世界に投影している。その自然人には「自己愛」がある。「自己」という語が使われてはいるが、この段階では、自己と他者との区別はないので、自己愛は自己と溶融している他者への愛をも含んでいる。自己愛は「憐れみの情」とセットになっている。他者が苦しんでいるのを見ていると、直接無媒介に——反省を介さずに——自分も苦しくなってくる。これが、ルソーの「憐れみの情」である。これに対して、自他の分離が前提となって生まれるのが、自尊心である。自他が分離するということは、「私に属するもの」と「あなたに属するもの」、「私の所有物」と「あなたの所有物」という区別が生ずるということだ。したがって、自他の分離とともに、不平等の可能性が胚胎する。自尊心は、このとき出現する。同じ感情が他者に向けられれば、嫉妬や羨望となるだろう。

＊

さて、『社会契約論』に戻ろう。透明なコミュニケーションへのルソーの愛着を考慮に入れれば、一般意志とは何かが、明らかになる。今、すべてのコミュニケーションが完全に透明であるような社会を、つまりメンバーの間のコミュニケーションがすべて透明であるような社会を考えてみよう。このとき、その社会の内部での意識や心の複数性は完全に消え去り、その社会そのものが単一の心に、単一の人格に、要するに意志や意識をもつ単一の実体となるだろう。このように、透明なコミュニケーションのネットワークによって生み出された単一の人格のごとき社会に帰せられる意志、それこそが一般意志である。

『社会契約論』の論理では、最初に全員一致の社会契約で政府の設立が合意される、と述べた。この全員一致とは、透明なコミュニケーションの成立を意味している。多数の特殊意志の間の意見の一致がどうやって生ずるのか、と考える必要はない。個々のメンバーの特殊意志は、単一の人格と化した社会の中に完全に溶け込んでしまっている。この意味で、一般意志と特殊意志とは独立の次元に属しており、互いの間に関係をもたない。このとき社会は単一の人格のごときものなのだから、定義上、一義的な意志をもつ。一般意志は「正解」として存在している、一般意志は無謬である、とは、このような意味である。

実は、私は、説明を急ぎ過ぎている。今述べた一般意志の解説は、わかりやすさを優先させた第一次近似（ラフなデッサン）である。正確なものにするには、細部を彫琢しなくてはならない。そもそも、一般意志が呼び出されるのは、透明なコミュニケーションに障害が生じているときである。

＊

厳密には、次のように考えるべきである。実際には、社会内のコミュニケーションの大半は不透明である。だが、にもかかわらず、コミュニケーションがすべて完全に透明であると仮想してみる。すると、複数の意識が融合し、単一の人格と化した社会を想定することができる。そのような社会に仮想的に帰せられる意志、単一の人格となったヴァーチャルな社会がもつだろうような意志、それが、ルソーのいう一般意志であろう。

ただし、このような論理が成り立つためには、透明なコミュニケーションについての今述べたような想定に現実性がなくてはならない。その現実性の保証になっているのが、社会契約、最初の（国家を創設する）全員一致の社会契約である。その点さえ確保されていれば、一般意志は何を欲しているのか、と考えることが有意味なことになる。自分自身が何を欲しているのか（特殊意志）とは別に、一般意志の内容を問うことに意味が出てくるのだ。

たとえば数学には正解があるのだから、「正解は何か」と問うことは意味がある。三平方の定理は成り立つか、リーマン予想は成り立つか、等と。全員が正解に到達するとは限らず、正解を理解することができない（たとえば三平方の定理の証明がわからない）人もたくさんいるが、それでも、数学には、正解は存在しており、それが何かを問うことは意味がある。正解がわかる人は少数派かもしれず（たとえばＡＢＣ予想の証明を理解している数学者はごくわずかで、六年前には一人しかいなかった)、ときには一人もいない(リーマン予想はまだ証明されていない)。にもかかわらず、正解において示されている判断には普遍的な妥当性がある。つまり、それは数学の理念的主体、理想の理性的主体がもつ認識であって、本来であれば、誰もが、十分に理性的に思考するならば、その認識に同意せざるをえないはずのものだ、とされる。

一般意志についても同じである。一般意志は、社会契約によって結ばれた政治社会の範囲内では、一般的な妥当性がある。しかし、政治社会の中のすべてのメンバーが、一般意志に帰せられるべき判断に到達できるとは限らない。誰もが、数学の正解に到達できるとは限らないのと同様に、である。実のところ、陪審定理の前提の一つ、「正解率が二分の一を超える」という条件も、成り立つ保証はない。ルソーは、こう書いている。「人民は、おのずから、いつも幸福=善(ビアン)を求めてはいるが、何が幸福=善かを、いつもひとりでにさとるとはかぎらない。一般意志はつねに正しいが、それを導く判断はつねに啓蒙されているわけではない」

ではどうすればよいのか。間違ったことが、たとえば全体意志に過ぎないことが一般意志と誤解されるのを防ぐにはどうしたらよいのか。ここでルソーは、大衆を啓蒙する「立法者」なる形象を導入する。立法者は、この語の普通の意味から導き出されるものを指してはいない。立法者は法律の制定者のことではない。ルソーは、立法者の例として、リュクルゴス(スパルタの伝説的な指導者)、モーゼ、ムハンマド、カルヴァンなどを挙げている。立法者は、端的に言えば、一般意志の内容を洞見できる天才のことである。立法者には、一般意志が何を欲しているのかがわかる。ポアンカレ予想やABC予想を証明できる数学の天才がいたように、一般意志の天才がいる。それが立法者である。

立法者は、一般意志の正しい内容を知っているのだから、人民に正しい政治制度を与え、人民の人間性そのものを改造してもよい。人民はしかし、一般意志の内容を理解できるとは限らない。それでも、立法者はそれを人民に受け入れさせなくてはならない。場合によっては、立法者は、神の権威を持ち出して人民を納得させてもよい。宗教は、人民を一般意志の方へと導くための——あえて強い表現を用いれば「詐欺的な」——道具である。それでも納得しない者はどうするか。国家という政治共同体から排除するしかない。「信じないものはだれであれ、国家から追放することができる。……呪われている、と私たちが信じる人々と平和に暮らすことは不可能である。……彼らを改心させるか、それとも彼らを迫害するかが、どうしても避けられなくなる」。全体主義者と批判されるときのルソーの姿がここに出てくる。

その淵源はどこにあるのか、と言えば、ルソーの透明性への愛着だ。もし透明なコミュニケーションによって人々が結びつく共同体があるのだとすれば、そこに浸っていることは、どんなにか幸福で、心安らぐことであろうか。『新エロイーズ』には、「クララン」という名の理想郷が登場し、スタロバンスキーがこれに注目している。クラランは、「限られた小社会」であり、「閉鎖的であることを願っている」。それは、「島であり、隠れ家であり、閉ざされた園であり、自らが生み出した幸福にしっかりともたれかかった小さな共同体である」(スタロバンスキー、前掲書)。だが、クラランは、市民社会や国家へとそのまま拡張することができるのか。それは疑わしい。そもそも、クラランはどこかに存在するのか。

ヴァルター・ベンヤミン

〈今の時〉に充たされた時間 ――「歴史の概念について」をめぐって

1

ヴァルター・ベンヤミンの「歴史の概念について」は、冒頭のテーゼで、印象的な寓話を用いて自らの基本的なアイデアを提示している（テーゼⅠ[1]）。

よく知られている話だが、チェスで対戦相手のどのような指し手にも巧みな手で応え、かならず勝利をものにするよう造られているという、そういうふれこみの自動人形が存在したといわれる。

この人形はどうして必勝なのか。それにはからくりがある。チェス盤が置いてある机には、鏡の工夫で、一見透明だが、実は外からは見えないようになっているスペースが仕込まれている。

じつはチェスの名手である背の曲がった小男がなかに座っていて、人形の手を紐であやつっていたのだった。

ベンヤミンの説明では、哲学において、この人形に対応しているのは「史的唯物論」であり、背の曲がった小男は神学である。

ここで、「史的唯物論」とは何か。この語の指示対象は二重になっている。一方で、「歴史の概念について」を通読すれば、「史的唯物論」がベンヤミン自身の立場、ベンヤミンの歴史の概念を代表する理論であることはまちがいない。だが、他方で、——鹿島徹が慎重な読みを通じて指摘しているところに従えば——、「史的唯物論」は、普通の意味でのマルクス主義の歴史理論を、とりわけスターリン主義の歴史理論をも指している。[2] 生産力と生産関係の発展を原動力とする歴史発展の法則——最終的には共産主義へと至る歴史の法則——を唱える理論だ。

スターリン主義に代表される進歩史観は、「歴史の概念について」で想定されている主要な論敵の一つである。ベンヤミンが、このテーゼ群を執筆する直接のきっかけになったのは、一九三九年八月二三日に締結された独ソ不可侵条約（スターリン＝ヒトラー協約）にあったと見られている。コミンテルンが裏切ってヒトラーと妥協したのも、またドイツの左翼がナチスの勢力拡大に対して無力であったのも、究極の問題は、その歴史観にあった、というのがベンヤミンの診断である。だから、ベンヤミンの〈史的唯物論〉は、通常のマルクス主義の「史的唯物論」とはまったく異なっ

た点に重点を置いている。(3)

にもかかわらず彼は、同じ寓話によって、自分の立場と敵の立場をともに表現していることになる。ということは、両者は、「ちょっと見」では似ている、ということである。よく見ると根本的に異なっているのだが、ぼんやりしていると見分けがつかない。いずれにせよ、両方とも、神学という名の小男に操られているために、必勝だとされる。なぜ神学が味方についていると必勝なのか。

2

ベンヤミンが批判の対象としている歴史観は二つある。一つは、いま示唆したように進歩史観――歴史は理想の状態へと進んでいくというアイデア――である。ベンヤミンは、「歴史の概念について」で戦線を拡大し、進歩史観だけではなく「歴史主義」の全体を批判の対象としている。歴史主義とは、歴史のさまざまな契機の間に因果関係を確定する歴史研究のスタイルである。因果関係は、必然的に物語的に叙述される。進歩史観も、歴史主義も、一つのことを前提にしている。均質で空虚な時間である。この空っぽの容器のような時間を、大量の事実で埋めていくこと、これが歴史である、とされる。容器の中の大量の事実は、緊密な因果関係によって結びついているので、それらは常になめらかに連続している。

だが、進歩史観のみならず、ここに定義したような歴史主義をも斥けるのだとすると、これ以外に歴史の概念などあるのだろうか。これらは、歴史の概念のすべてであるようにすら見える。たとえば、ベンヤミンの没後、三〇年余り経た後に、ヘイドン・ホワイトが、大著『メタヒストリー』で、歴史（学）的な言説の様式を三つに分類している。プロット化の様式／論証の様式／イデオロギー的意味の様式、と。[4] これらはすべて、歴史主義的であり、そしてときに進歩史観でもある。プロット化は、歴史に、演劇に類似する物語的な筋立てを与えるものであって歴史主義的叙述の原型である。これに加えて、出来事の間の関係の叙述に、因果関係を正確に探り当てる実証主義的な論証性があれば、論証の様式になる。さらに、特定のイデオロギーに基づく進歩の観念が加われば、イデオロギー的意味の様式になる。

進歩史観ではないだけではなく、歴史主義的でさえないような歴史の叙述の方法はあるのか。ある、とするのがベンヤミンの立場だ。それこそが、まったく新しい「歴史の概念」に基づく史的唯物論だ。伝統的な歴史は、空虚で均質な時間の中での連続性という形態をとる。それに対して、（ベンヤミンの）史的唯物論の基底にあるのは、不連続性が充満している時間である。たとえば、テーゼXVIでは、次のように言われる。[5]

〔過去から未来への〕移行点ではない現在、時間が充足して静止状態にいたっている現在という概念を、史的唯物論者は放棄するわけにはいかない。ほかのだれでもない、かれみずからが歴史を叙述するまさにその現在を、この概念は定義しているからだ。

ここで不連続性は、過去と未来をつなぐ「移行点」にはなっていない「現在」として記述されている。そこでは、時間はなめらかに流れず静止状態になる。歴史は、このような静止する現在の連なりである。続くテーゼXVIIは、「歴史の概念について」の中で、自らが唱導する史的唯物論の方法原理を最も深く立ち入って解説した一節である。(6)

> 唯物論的な歴史叙述には、構成〔構造体形成〕という原理が根底にある。というのも思考作用には、思考の動きだけでなく、その停止もまた属している。〔現在と結びついている過去の〕一定の星座的布置がさまざまな緊張をはらんで飽和状態にいたっているときに、思考作用が急に停止すると、その布置は衝撃(ショック)を受け、モナドとして結晶することになる。

「構成」や「星座的布置」については次節でかんたんに説明する。ここでは、思考作用には、思考の動きの停止が含まれる、という論点に注目しておきたい。普通の歴史の叙述においては、出来事をその前後のコンテクストの中におき、その前後との因果的結合を把握することで、出来事の意味も理解できる、と言われる。しかし、ここでベンヤミンが述べているのは、まったく逆のことである。思考の動きというのは、複数の出来事の間に因果関係を見出し、それらを結合する動きのことであろう。それを停止するというのは、思考とともに、歴史の動き自体を停止し、前後の文脈から特定の出来事を切り離すことである。先後(せんご)に長く延びている歴史の運動を、思考の動きの停止という逆説的な思考作用によって捉えると、モナド——つまり周囲から分離した不可分の粒子のようなもの——へと結晶化する。量子力学においては、観測によって、時空間を満たしていた波動が、光子や電子のような粒へと凝縮する。これと似ている。

それにしても、どうしたら、因果関係のコンテクストから外れたモナドを見出すことができるのだろうか。歴史的な記録や遺物を細かく眺めれば、因果関係に還元できないものが見つかるのだろうか。しかし、どんなに目を凝らそうが、どんな細部であろうが、因果関係の中に還元されるように思える。この点については後で立ち返るとして、ベンヤミンが、このような史的唯物論には、救済の力が必然的に宿っていると見なしていたことに注意しておこう。何を救済するのか。過去である。過去の抑圧されていた人々だ。たとえば次のように言われる（テーゼⅦ[7]）。

その〔支配者の――引用者注〕パレードには戦利品も一緒に引き出されてゆく。その戦利品は文化財と呼ばれる。それらは史的唯物論者によって、ひややかに見物されることを覚悟しなければなるまい。というのも、史的唯物論者が見わたす文化財はことごとく、戦慄なしには思いみることのできない由来のものだからだ。このようなものが存在しているのは、それを創造した偉大な天才たちの労苦だけでなく、かれらと同時代の人びとの言いしれない苦役のおかげなのである。

文化財は歴史研究の対象である。通常の歴史の記述の中では、それは、偉大な天才の霊感と努力の産物とされる。あるいは、それを顕彰したり、活用したり、その制作を命令したりした支配者の業績と解釈される。しかし、史的唯物論は、その文化財の創造や維持が、夥しい数の名もなき虐げられた人々の貢献に（も）依存していることを見る。史的唯物論は、通常の歴史の物語的な記述の中では見過ごされている、被抑圧者たちを発掘し、承認することで、彼らを救済しているのである。このテーゼは、ベンヤミンのお気に入りの比喩を使い、史的唯物論者は「歴史を逆なですること」を自らの仕事とする、という一文で締めくくられる。因果関係を物語的に叙述する者は、歴史の流れを順目でなでているのと同じで、それをなめらかなものとして知覚する。しかし、歴史を不連続なモナドの連なりとして見る史的唯物論者は、逆なでする者と同じように、歴史に毛羽立った抵抗の集積——支配的な動きへの抵抗の集積——を見るのだ。

主流の毛の向きから逸脱している毛羽立ちこそ、忘れられた被抑圧階級の営みだということになるだろう。だから、史的唯物論は、過去を救済するメシア的な力をもつ、とされる。次のように言われる（テーゼII）[8]。

以前の世代がいずれもそうであったのと同じく、わたしたちにはかすかなメシア的な力が付与されていることになる。過去はこの力が発揮されることを要求しているのだ。この要求を無下にあしらうことはできない。そのことを史的唯物論者はよく心得ている。

しかし、どうしたら、歴史に、不連続のモナドを見出すことができるのか。不連続点を見出す霊感はどこから来るのか。

3

ベンヤミンは、注意深く歴史を探究せよとか、政府の公式文書以外のもの、たとえば庶民の歴史も繊細に調べよ、といったことを主張しているのだろうか。「歴史の概念について」の諸テーゼを通じて言われていることは、人々の心性や表象に注目したり、広範囲の社会階層の人々の生涯の共通点から抽出できる長期持続を見出したアナール学派と同じようなことなのだろうか。あるいは、カルロ・ギンズブルグの言う「ミクロストリア」――一つの出来事とか小さな村落の帰趨とか無名の個人の生涯とかといった社会の細部を探索する歴史――と同じようなことが言われているのか[9]。だが、アナール学派にせよ、ミクロストリアにせよ、歴史主義を否定するものとは思えない。というより、これらは、歴史主義の徹底であり、出来事をより繊細な因果関係の中に埋め込む研究である。これらからは、原理的に、歴史の因果関係から逃れる不連続の「モナド」を見出すことはできない。

　ならば、ベンヤミンの史的唯物論はどうするのか。フランス革命に言及するテーゼXIVが、ヒントを与えてくれる[10]。

> 歴史とは構成〔構造体形成〕の対象である。その構成がなされる場は、均質で空虚な時間ではなく、今の時に充ちている時間である。

かくしてロベスピエールにとっては、古代ローマが今の時をはらんだ過去だったのであり、かれは歴史の連続体を爆砕してこの過去を取りだしたのだった。フランス革命はみずからを、回帰したローマと了解したのである。

鍵は、〈今の時 Jetztzeit〉である。進歩史観と歴史主義の前提になっている「均質で空虚な時間」に「今の時に充ちている時間」が対置されている。〈今の時〉とは何か。明確な概念規定や定義はどこにもなされてはいない。引用したテーゼXIVでは、ロベスピエールにとってのフランス革命が、〈今の時〉の現在、その原点となる〈今〉である。その〈今の時〉が、過去の時間の中に充ちているとはどういうことなのか。ローマの共和政は、フランス革命（ロベスピエール）にとっては、過去のうちに孕まれた〈今の時〉だった、というわけだが、それはどのような趣旨なのか。ベンヤミンの論の全体の中に置けば、〈今の時〉が、モナドとして結晶している不連続の粒子であることは明らかだが、両者の間にどのような概念的なつながりを見出せばよいのか。

それは次のようなことではないか。今まさに真に新しいことが出現したとき、その現在は〈今の時〉となる。「真に新しいこと」とは、これまでの因果関係の延長上には出現しそうもないこと、これまでの因果関係の帰結としてはとうてい予想できないことを指している。フランス革命が、そのような出来事の一つであることは明らかだろう。フランス革命は、財政難に苦しむブルボン王朝が課税のために、一七八九年五月に身分制議会（三部会）を召集したことがきっかけになって起きている。このとき召集した側も、また召集された者たちも——のちに革命の主役となる第三身分の者たちでさえも——、まさか三年余り後に、王政そのものが打倒され、共和政が始められることになるとは微塵も思ってはいなかったはずだ。フランス第一共和政は、真に新しいこととして到来した。「真に新しいこと」が出現するということは、別の角度から見れば、「破局」があったということでもある。この場合は、王政の終焉が宣言され、王が処刑されたということ、それが破局だ。

真に新しいことの到来であると同時に破局でもあるような〈今の時〉から過去を振り返ると、時間の至るところに、因果関係の流れを食い破るような〈今の時〉が充ちているのが見えてくる。たとえば、古代ローマにも、〈今の時〉がある、と。どういうことなのか。

*

ベンヤミンを離れ、われわれ（現代の日本人）にも具体的なイメージをもてる例を使って説明しよう。たとえば二〇一一年の3・11の大津波によって引き起こされた、福島第一原子力発電所の事故の後にわれわれが感じたことを思い返してみよう。この事故は、まさに破局と呼ぶに値するものだった。その意味でわれわれは、まったく新しい事態の中に投げ込まれた。このとき、われわれが心底から知った最初のことは、「(日本列島で）ほんとうに炉心溶融（メルトダウン）に至るような大規模な原発事故が起きるのだ」ということであろう。それ以前にも、原発事故がありうることは、皆、知ってはいたし、実際、それを警告する者もたくさんいた。しかし、ほとんどの人にとって、それは論理的には可能かもしれないが、実際には（ほとんど）起きそうもないことだった。つまり、それは、空虚な可能性に過ぎなかった。

しかし、現に事故が起きてしまえば、それは空虚な可能性どころではない。端的な現実性である

（当たり前だ）。それだけではない。その立場から過去を振り返ってみると、大規模な原発事故はずっと前から――原発が建設された最初から――、ずっと、いつ起きてもふしぎはない切迫した可能性だったことがわかってくる。この地球上で最も地震の頻度が高い列島の海沿いに、何十基もの原発を建設したのだ。そのうちの何基かが、爆発したり、炉心溶融を引き起こしたりすることに何のふしぎもない。

さらに、原発事故のあとにこうも思っただろう。原発など造らなければよかった。なぜ、あの古い原子炉を早く廃炉にしなかったのだろう。実際、福島第一原発の廃炉は、何度か、経産省で議題にのぼっていたのだ。そもそも、われわれは、どうして、地震列島の海岸にたくさんの原発を造ってしまったのだろう。実際、原発に反対していた人たちもいたのだ。

だがあのとき――たとえば（事故の）一〇年前――、廃炉にしたらどうだろうか、という提案を受けたとき、ほとんどの関係者は、廃炉は非現実的な選択肢だと思ったのだ。原発はしっかり動いていたし、廃炉のコストはあまりにも高い。もう少しこの原発を使い続けるべきだ、と。半世紀以上前、原発の導入そのものに強く反対し、運動にコミットした者たちもいたわけだが、それは、不可能な空想に耽る人のように見えていた。原発の導入は、さまざまな理由、多くの原因から、不可避の選択肢だと見えていた。高度成長期の日本は、電力を必要としていたし、貧困地域を豊かにするために誘致できる産業は、これしかなかったのだから。

しかし、破局（原発事故）を経験した〈今の時〉から振り返ったらどうだろうか。あのとき、廃炉にすることだってできたはずだ、と生々しく思えてくる。そもそも、〈今の時〉から見ると、つまり原発を建設したことを深く後悔し、原発を核兵器の被爆国に導入すべきではなかったと深く思う現在の立場から見ると、はじめから原発なるものをすべて拒否することも十分に可能だった、ということに気づく。これこそ、過去に〈今の時〉が孕まれているのを見る、ということである。半世紀の過去に――中間の過程をスキップして――、現在のわれわれがやろうとしていることと呼応する、(満たされなかった)願望があるのを見出しているのだ。

これは、歴史の連続体を爆砕して、(連続体には嵌ってはいない粒子である)モナドとしての過去を取り出すことでもある。どうしてか。たとえば、原発の導入を拒否するという選択肢は、もともとは不可能な――ユートピア的な――選択肢に見えていたのだった。ということは、この出来事は、起き得ることの因果関係の系列の中からは排除されていたということになる。それが、突如として、アクチュアルな可能性として現れるということは、この出来事、この選択肢は、なめらかな因果関係から逸脱する不連続なモナドとして、あるいはそうした因果関係をかき乱し、ついには破壊してしまうような出来事として見出されている、ということを意味する。

ここで間違ってはならないことがある。「原子炉をもっと早く廃炉にできたかもしれない」とか「原発を導入しないこともできたかもしれない」という可能性がアクチュアルなものに見えるのは、〈破局〉の事後から見たときの、一種の遠近法的な錯覚に過ぎない、というシニカルな見方は、斥けなくてはならない。確かに、繰り返し述べてきたように、当時の大半の人々の主観的な意識には、そうした可能性は、空疎な想定、ありえないことの要求にしか見えていなかった。しかし、客観的には、それらはほんとうにアクチュアリティがあり、十分にできたことだったのだ。ただし、そのような客観的な事態そのものは、〈今の時〉を経由した遡及的な視線を通してしか見出されない。つまり、当時、とうてい実現できないと思われていた選択肢は実際に可能だったことであり、反原発に執着していた少数者は決して愚かで非現実的なことを願っていたわけではない、ということは〈今の時〉の事後からのまなざしだけの中でのみ知ることができる。

＊

ロベスピエールにとって、古代ローマが〈今の時〉を孕んだ過去だった、というのも以上と同じように解釈できる。古代ローマの共和政は、帝政の中で消えてしまった。共和政への意志は、挫折した希望である。歴史主義的には、共和政から帝政への移行は、必然的な因果の系列のように叙述されるだろう。しかし、一八世紀末に何百年も続いていた王政を廃棄し、共和政を実現した者には、自分たちが経験しているのと同じ〈今の時〉が、古代ローマにも活きていたのがわかる。つまり、古代ローマで、共和政が十分に持続しえたはずだ、ということがわかるのだ。だからこそ、ロベスピエールは、自らのもとで実現したフランスの共和政を、ローマの共和政の回帰として了解できるのである。

繰り返せば、〈今の時〉は、「破局」と表裏一体のかたちで「真に新しいこと」が今まさに実現するということを前提にしている。ということは、〈今の時〉の典型は、革命である。ベンヤミンの歴史の概念においては、それゆえ、過去の救済（因果関係の物語的な叙述の中では消えてしまったことを現にありえたこととして取り出すこと）は、現在の革命と相関している。われわれが説明のために活用した例（3・11後の原発事故）は革命とは言い難いが——革命的な意志が事故をきっかけに一瞬だけ宿ったとは言えるが——、〈今の時〉についてベンヤミンが論ずるとき、その念頭にあったのは、革命のイメージである。[11]

だから、ベンヤミンの本来の意図に近い、われわれとって比較的近しい事例は、一九八九年の秋から始まった東ヨーロッパの社会主義諸国で起きた民主化の革命だろう。このとき体験したことも、3・11後に感じたことと似ている。東ヨーロッパ諸国で連鎖反応的に民主化の革命が起きる直前まで、世界中のほとんどの人が——東西のどちらの陣営に属する人も——、冷戦はまだ何十年も続くと思っていた。社会主義国には反体制運動にコミットする者もいたし、亡命する者も後をたたなかったが、しかし、体制そのものを廃棄するには社会主義政権と警察の力はあまりにも堅固なものに見えていたのだ。[12]だが、一九八九年秋から一年も経たないうちに、東ヨーロッパから社会主義体制が消滅し、二年後には、世界で二番目の強国だったソヴィエト連邦も解体してしまった。この破局＝革命の後から振り返れば、社会主義体制が持続していたその時間の至るところに、〈今の時〉が孕まれていることに気づく。つまり、体制は常に、崩壊の危機と隣接していたことがわかるのだ。客観的には常に、反体制運動の方にも成算があったのである。

これだけ説明すれば、ベンヤミンの歴史の概念において中核的な契機となっている「構成Konstruktion」とは何かを明らかにすることができる。本節の冒頭で引用したテーゼXIVでは、歴史は構成の対象だとされ、前節で引用したテーゼXVIIでは、唯物論的な歴史叙述の原理として構成が根底にあると書かれていた。構成とは、古代ローマの共和政とフランス革命、あるいは一九六〇年代の原発反対運動と３・11後の脱原発デモ、といった因果的には無関係な二つの出来事を結びつける働き、過去の事象と現在の事象との間の――因果関係を無視した――短絡的な結合を成立させる働きのことである。この働きによって、「星座的布置 Konstellation」が生まれる。これは、巧みな隠喩である。星座において並んで見える星は、実際には、何億光年も離れている。一つの星が地球から一〇万光年の距離にあり、その隣の星が一億光年の距離を隔てているとすると、一〇万年前に前者から発せられた光と一億年前に後者から発せられた光が、今ここにいる私の目の位置で出会っている。これと同じように、ベンヤミンの史的唯物論においては、通時的には大きく隔たっている出来事や事象が、構成の働きを通じて結びつき、星座的布置を成立させているのである。[13]

われわれは普通、過去は変えられない、という。だが、〈今の時〉を媒介にした構成の働きは、ある意味では、未来ではなく、過去の現実をほんとうに変更しているのだ。現実ということを広い意味で、つまり様相 modality を含む全体として捉えるならば、そう言うことができる。[14] 空疎な、論理的な想定のうちにしかなかったような偶有性を、現実そのものに迫るような切迫した偶有性へと転換しているからだ。このような過去を変更する行為を、ベンヤミンは、「過去のうちへの虎の跳躍」（テーゼXIV）と表現した。

4

だが、議論はここで終わらない。〈今の時〉の革命的な変化と過去に孕まれていた不連続なモナドのような事象の救済とは、述べてきたように、相即している。つまり、〈今の時〉に革命的な状況をもたらすことと、過去の挫折した試みを「十分に実現しえたこと」として救済することとは、同じことの二つの側面である。それならば、どうしたら、現在に、〈今の時〉にふさわしい断固たる行動を引き起こすことができるのか。つまり真に新しいものへの革命的な企てを現実のものにする要因は何なのか。過去の歴史を熱心に研究していると、自然と勇気が出てきて、人は革命的な行動を始めるわけではない。現在の革命的な行動が、過去を救済しているのであって、その逆ではないからだ。〈今の時〉が外からやってくるのをただ待つしかないのか。

この点について、ベンヤミンは十分なことを論じてはいない。しかし、ベンヤミンの論理をそのまま延長し、その含意を徹底して引き出すならば、自然とある結論を導くことができる。「真に新しいこと」をもたらすということ、つまり〈今の時〉を実現するということは、不可能なこと——ノーマルな因果関係の中に現れるはずのないこと——を可能なものにしてしまうこと、それを現実化することであった。ところで、〈今の時〉は、まさに、過去の中に、不可能なこととして捨て置かれたものが十分に現実でありえた、ということを見出すのであった。もし過去の人が、実際にこのことを知っていたならば、彼らは、その不可能なことを実現しただろう。例えば古代ローマの人々が、フランス革命のことを知っていたら、共和政を放棄せずに維持しただろう。一九六〇年代の社会主義圏の人々が、一九八九年の民主化運動のことを知っていれば、社会主義体制はもっと早く倒れていただろう。

そうだとすると、次のように考えることができるはずだ。現在のわれわれの世界にも、「そんなことはとうていできまい」とか「そんな極端で空想的なこと」等と見えていながら、実は、十分にアクチュアルなこと、現実の方へと引き込みうることがあるはずだ。そのことを知っていれば、われわれは、ほんとうに不可能なことを実行するだろう。だが、それを知ることができるのか。

ここまでの論理を延長するならば、原理的にはできる、と言える。〈今の時〉による過去の救済という論理を、再帰的に、今度は、現在を（救済の）対象とするかたちで適用すればよいのだ。すなわち、未来の〈今の時〉から、遡及的に——未来の〈今の時〉にとっては過去である——現在を見たとしたらどうだろうか。そうすれば、われわれは、現在、不可能とみなしていることの現実性を発見するはずではないか。現在が過去のメシアになったように、現在を救済するものは未来からやってくる。

このように説明すれば気がつくだろう。これは、少なくとも西洋の人々にとってはなじみの構成である。これは、キリスト教の「最後の審判」の構成だ。未来の〈今の時〉の位置に、終末の日の神の視点を置けば、最後の審判になる。ベンヤミンの史的唯物論は、最後の審判に似た構造をひそかな前提にしている。実際、「歴史の概念について」でも、最後の審判が言及される。テーゼⅢには次のようにある。[15]

> みずからの過去を十全なすがたで手中におさめるのは、解き放たれた人類にしてはじめて可能なことだ。つまり、解き放たれた人類にとってはじめて、みずからの過去がそのどの瞬間においても呼び戻されうるようになっている。人類の生きたどの瞬間も、呼び戻され顕彰されるよ

うになるのだ。終末の日とは、まさにそのような日のことである。

こうして、冒頭で引用したテーゼⅠの奇妙な寓話に回帰することができる。それによると、史的唯物論（チェスを指す人形）は、神学（背の曲がった小男）に助けられているのだった。神学とは、最後の審判の構成のことである。人形が必勝である理由もこれではっきりする。史的唯物論は、最後の審判において救済される人を記していることになるからだ。

＊

だが、ここで大きな問題にぶつかる。ベンヤミンが「歴史の概念について」において、全力を注いで否定しようとした歴史観、スターリン主義（の史的唯物論）に代表される進歩史観もまた、最後の審判と同じ形式をもっているのではあるまいか。進歩史観こそ、最後の審判の世俗版ではないか。[16]この場合、神の国にあたるのが、言うまでもなく、歴史がそこへと向かっている理想の社会状態――たとえば共産主義――である。スターリン主義においては、大量の粛清が、進歩の名のもとに正当化された。彼らの犠牲は、「最後の審判」において報われるだろう、と。同じように、ベンヤミンを驚かせ、失望させた独ソ不可侵条約もまた、進歩への過程として正当化されるだろう。

これだけではない。ベンヤミンのもう一つの敵、歴史主義もまた、一種の最後の審判になっているのだ。進歩史観と違って直接に政治的なものではないが、少なくとも、それは知的な最後の審判である。歴史主義においては、最後の審判の視点を占めているのは、現在の歴史家である。歴史家は、現在のこの状態がどうして生まれたのかを、過去に遡り、そこから因果的かつ物語的に説明する。ということは、歴史の中に記録されるのは、「現在」の構築に対して価値ある貢献があったと評価された人物であり、その仕事であり、また出来事である。その意味で、彼らは、(広義の)勝者たちである。歴史家が現在として認める状態に対して、何らの貢献をなさなかったものは、敗者として捨てられ、忘却されるしかない。歴史主義は、その本来の仕組みから、必然的に、勝者の歴史を語ることになる。歴史主義もまた、最後の審判に操られて、必ず勝つように――勝者だけを評価するように――できているのだ。[17]

進歩史観と歴史主義の違いは、最後の審判で救済された者を迎える「神の国」をどこに設定しているかにある。歴史主義においては、現在が、すでに神の国である。進歩史観にとっては、神の国は未来の定められた理想の社会である。

最後で最大の問題は、こうである。ベンヤミンは、結局、必死に戦ってきた敵たちと最終的には合流してしまうのか。ベンヤミンの歴史の概念もまた、進歩史観や歴史主義の中に組み込まれてしまうのか。ベンヤミンの史的唯物論と進歩史観・歴史主義との間には、微妙だが、決定的な差異がある。この差異を正確に見定めることこそ、最も肝心なことだ。

進歩史観や歴史主義においては、最後の審判の視点を有するのは、定義上、(最終的な)勝者であり、それは既定されている。それゆえ、彼らが叙述する歴史的な発展は、どんなに起伏に富んでいるように見えても、結局、緊密な因果関係によって結ばれた連続的な過程となる。その既定された最後の勝者への位置へと向かっていく連続的な過程である。

それに対して、ベンヤミンの史的唯物論では、最後の審判の視点をもつのは、敗者である……と言ってしまうと、まだ繊細さを欠いた断定になるだろう。ベンヤミンにとっては、最後の審判の視点が帰属しているのは、「未だ勝者ではない者」である。言い換えれば、「最後の審判の視点」自体が、まだ闘争の過程にあるのだ。最後の審判の視点――来るべき未来の〈今の時〉――は、大文字の勝者としてあらかじめ固定されているわけではなく、不断に「敗者→勝者」という運動のうちにある。それは、キルケゴール風に表現すれば「生成状態における勝者」であり、最終的な勝者にはなりきれない反復である。

だからこそ、〈今の時〉からの遡及的な「過去へのまなざし」は、必然的に、歴史に連続的な発展ではなく、不連続なモナドの集積を――因果関係を破る破局の蓄積を――見ることになる。「最後の審判の視点」そのものが、不断に「敗者→勝者」を反復しているからだ。このような反復の過程のうちにあるとき、敗者として、歴史の物語の叙述の外に放置されていたものが、突如として、勝者として顕揚され、叙述の中で重要な位置を占めることもある。(18) 歴史を不連続な瓦礫の集まりと見ることと、過去を救済することとの間に、緊密な一体性がある理由は、ここにある。過去へと目を向けて、未来の方へと遠ざかっていく歴史の天使は、「わたしたちの眼には出来事の連鎖と見えるところに、かれはただひとつの破局を見ている(19)」。この歴史の天使こそ、未来の〈今の時〉の視点の担い手である。

注

（1）ヴァルター・ベンヤミン『［新訳・評注］歴史の概念について』鹿島徹訳・評注、未來社、二〇一五年、四四頁。
（2）同書、七八―八二頁（鹿島徹による評注）。
（3）ベンヤミンが、「歴史の概念について」の草稿を執筆したと推定されている年の前年、つまり一九三八年に、スターリンが論文「弁証法的唯物論と史的唯物論」を発表している。ベンヤミンは、とりわけこの論文を念頭に置いていたと思われる。
（4）ヘイドン・ホワイト『メタヒストリー――一九世紀ヨーロッパにおける歴史的想像力』岩崎稔監訳、作品社、二〇一七年（原著一九七三年）。
（5）ベンヤミン、前掲書、六四頁。
（6）同書、六五頁。
（7）同書、五二頁。
（8）同書、四六頁。
（9）以下は「ミクロストリア」の実践例である。カルロ・ギンズブルグ『チーズとうじ虫』杉山光信訳、みすず書房、一九八四年（原著一九七六年）。
（10）ベンヤミン、前掲書、六二頁。
（11）ここで私は、3・11の津波と原発事故を事例として援用したが、すぐに気づくだろう。「破局」をともなう〈今の時〉にこれよりももっとふさわしいケースは、われわれが目下［二〇二〇年］その渦中にある新型コロナ禍である。コロナ禍を経験した後、われわれは、ベンヤミンが論じようとしたことを、より明白なかたちで実感するだろう。現在コロナ禍の真ん中にいるわれわれは未だ、これに対して十分な反省的な距離をとることができない。ここで、3・11の方を参照したのは、そのためである。

（12）一九八九年八月の段階でも、東ヨーロッパの社会主義体制の崩壊は、ほとんど誰も反体制運動に参加していた人々やそれを支援していた西側諸国の左翼も予想していなかったことを示す出来事の一つは、ハンガリーのショプロンでなされた「汎ヨーロッパ・ピクニック」である。西側の支援者たちは、同年八月一九日に、一〇〇〇人規模の東ドイツの（西ドイツへの）亡命希望者を、ショプロンからオーストリアへと一挙に越境させるのに成功した。今振り返ってみれば、これは、三ヶ月後の「ベルリンの壁の崩壊」への序章の一つになった出来事だが、しかし、このときには、東西ドイツの分断は半永久的に続くと思っていたがゆえに、こんな危険なことがあえて断行されたのである。

（13）「構成」と「星座的布置」については、鹿島徹の解説が明快である。ベンヤミン、前掲書、一七四―一七五頁。

（14）様相とは、ある命題の確実性の度合いを指す論理学の用語である（カントが導入した）。可能性とか、必然性とか、偶然性とかが、様相だ。

（15）ベンヤミン、前掲書、四七頁。鹿島徹は、「歴史の概念について」関連断章――ベンヤミンが「歴史の概念について」の準備や執筆の過程で残した覚書的な草稿群――の中にも、「最後の審判」への言及があることに注意を促している（同書、九九頁）。

（16）ベンヤミンとスターリン主義との危険な類似（と相違）については、スラヴォイ・ジジェクが指摘している。Slavoj Žižek, *The Sublime Object of Ideology*, London, New York: Verso, 1989, pp.142-145.

（17）進歩史観だけではなく、歴史主義もときに政治的な効果をもつイデオロギーになりうる。歴史主義はしばしば政治的には保守主義と親和性をもつ。

（18）逆に勝者として記憶されていたものが、敗者の方へと転ずる。「敵が勝利を収めるときには死者もまた無事ではいられない」（テーゼⅥ）。ベンヤミン、前掲書、五〇頁。

（19）テーゼⅨ（ベンヤミン、前掲書、五四頁）。

ミヒャエル・エンデ

さがせ、さらば見出すであろう

ミヒャエル・エンデの短編「遠い旅路の目的地」は、シリルという男の半生記という形式をとった寓話、人が何かを切実に求め、そして何かを得るということはどういうことなのか、それはいかにして可能かを語る寓話である。

シリルは、イギリスの名門貴族の系譜に属しており、父はヴィクトリア女王の時代の外交官であった。シリルは幼い頃、父とともに旅して生活しており、八歳の頃には、ヨーロッパ大陸と近東のほとんどの大ホテルを知るほどだった。母は、シリルを生んだすぐ後に、音楽家と恋に落ち、出て行ってしまったようだ。父は、自分から去って行った妻を憎んでおり、彼がシリルを連れ歩いたのは、妻が息子を取り戻すことができないようにするためだった。母の死後は、上流階級のための有名カレッジに入学し、さらに大学に進学した。大学在学中に、父親が没し、シリルは莫大な遺産を相続した。彼は、父から受け継いだ所領や城館や美術品やらをすべて売って、換金してしまった。

シリルは、幼い頃から何かを求めているが、それが何であるのかが自分でもわからなかった。彼の人生は、父に連れられて移動していた少年時代の日々も含めて、基本的には、その「求めるべき何か」が何であるかをさがして、ほとんど定住することない旅の毎日を送ることだった。父と移動していたまだ幼い時期に、シリルは、人は皆、「故郷」という「聖なる場所」をもっていて、それに対して特別な愛着を抱いているということに気づいた。彼は、自分がその故郷なるものの所有から疎外されていることに我慢できず、何としてでもそれを入手しようと決心するのだが、結局、どこに関しても、何に対しても、それが故郷なる「宝物」であるという特殊な感情は湧いてこなかった。彼は、父の死後も、目的地の定まらぬ遊動生活を続けるのだが、もうその頃には、いつかさがし物が現実に見つかるという、若年の頃の期待は、消えてしまっていた。彼は、見つけたいという希望もなしに、ただ移動し続けたのだった。

しかし、最終的には、彼は、欲しいものを見出し、それを実際に手に入れた。いかにして？　二つの出来事が飛躍をもたらした。

第一の出来事は、ある絵に出会い、そこに描かれていることに「思い出」を感じたことである。もう少していねいに経緯を説明しよう。ある日、シリルは、フランクフルトの銀行家のパーティに招かれた。パーティで、この銀行家は、金庫のような倉庫に収蔵してある、彼の美術品のコレクションを客たちに披露した。シリルは、その中の一枚、「遠い旅路の目的地」と題された絵に強烈に惹き付けられたのだ。それは、幅六〇センチ、高さ八〇センチほどのそれほど大きくない絵で、そこには、きのこ型の巨岩の上に建てられた月長石の、夢のような宮殿が描かれていた。

シリルは、この絵から、彼のための、この世界の全住民の中で彼だけのための個人的なメッセージを聞き取り、この絵をどんな手段を用いてでも自分のものにしたいと思う。しかし、銀行家はシリルを嫌っており、いかなる金額を提示されても、絵をシリルに譲ろうとしなかった。そこで、シリルは、銀行家の娘を誘惑し、彼女を騙して倉庫の合鍵を入手した。そして、彼は、美術品泥棒の名人を雇い、絵を獲得することに成功した。その際、銀行家を殺害し、娘を自殺に追い込むという、想定外の事故もあったのだが……

入手した絵を毎日見ているうちに、シリルは、宮殿の内部が細部にまで手にとるようにわかってきた。この不可思議な体験から、シリルは、この建物はどこかに実在し、画家はそれを写生したに過ぎないはずだ、との確信をもつに至る。シリルは、まるでかつてそこに住んでいて、それを思い出しているかのようなのだ（絵の中の場所が、シリルにとって「故郷」になったのだ）。むろん、そんなことはあるはずがないのだが。シリルは、月長石宮殿をさがし出し、それを手に入れようと決心した。彼は、絵に描かれているような各地の荒地をさがし回ったが、八年間経っても、結局、宮殿は見つけられなかった。以上の長い一連のプロセスが第一の出来事だ。まだ、彼は目的地に到達していない。

第二の出来事は、ヴェネチアの路地で偶然見つけた店で、アハシュベール・トゥバールという名のふしぎな老人に会ったこと。シリルもすでに四五歳である。ヴェネチアに滞在していたとき、彼は、小さな路地に迷い込んだ。その路地は、「カッレ・デッラ・ジェーネジ（創世小路）」という名らしい。路地の奥には入り口の扉があり、その上の看板には、素朴な絵があった。シリルはこの絵に魅せられた。そこには、猟師たちが跳躍する牡鹿をしとめた瞬間が描かれていた。奇妙なことに、牡鹿は、猟師たちが放った矢が雲のように集まってできていた。絵の下にはヘブライ文字で何かが書かれていたが、それは、シリルには読めない。店主の名前が、「アハシュベール・トゥバール」であることはわかった。

店に入ると、背が高い一人の老人がいた。彼は扉の文字が「さがせ、さらば見出すであろう」というキリストの言葉だとシリルに教えた。シリルが、自分が望んでいるものが何であるかはわかっているが、見つけることができないと言うと、この老人トゥバールは、さがし方がよくないからではないか、と言い、「牡鹿を追う猟師のようにすればよい」と言う。シリルがよくわからないと言うと、老人は、「さがすことをわしから習いたいのか？」と問う。これは神から禁じられていることだが、それでも習いたいのか、と。老人は、シュリーマンの例を引き、彼があそこでトロヤをさがしたからこそ、あそこはトロヤなのだ、という謎めいたことを言う。シュリーマンは、牡鹿をしとめた猟師たちのようにやったのだ、と。もちろん、シュリーマンは、新約聖書の「さがせ、さらば……」を文字通りに実現したのだ。トゥバールによれば、コロンブスも同様だ。これは、しかし、シュリーマンの探索の前にはトロヤがそこになかった、コロンブスの探検の前には新大陸はあそこになかった、等のことを意味しているわけではない。トロヤも新大陸も、いつもずっとしかるべき場所にあったのだ。

最後に老人は、シリルがさがしている物（月長石宮殿）がどこにあるべきか、地球儀の空白部分の中から選ぶように、とシリルを促す。シリルは、ヒンズークシュ山脈の中に残っていた、小さな白い場所を選んだ。以上が、第二の出来事だ。

シリルは、早速、ヒンズークシュ探検のためのチームを結成した。登山のプロ、言語を専門とする大学教授、学術用のスケッチを専門とする画家などが集められた。ヒンズークシュへの進行は困難をきわめるものだった。結局、メンバーは次々と脱落し、死亡し、最後まで残ったのはシリルのみだった。果たして、シリルは宮殿に到達し、それを我が物にすることができたのか。

できた。シリルは、宮殿を見出したのだ。七二年後、貴金属を扱う商人が、隊商を組んで、この地にやってきた。彼らは、きのこ型の岩柱の頂点に、多数の塔をもつ月長石の宮殿を見た。宮殿のすべての窓は、夜どおし明るかった。そこに、人影が一つ、一つだけ見えた。その人影は、手をあげていた。歓迎の表現なのか、逆に拒否の表現なのか、それはわからない。とにかく、シリルは、求めているものを得たのである。

*

この物語の寓意は何であろうか。何か本質的なものをさがし、得るためには、未来に見出されるはずのそれいに「過去」としての様相を与えなくてはならない。この物語は、こうしたことを暗示しているように読める。

シリルが、「創世記」を連想させる名をもつ路地で出会った老人は、神であろう。もっとも、この作品では、神自身もまた、「さがし物」――シリルにとっての宮殿やシュリーマンにとってのトロヤに当たるさがし物――のようにして実在するのであって、人間とは独立に自存してはいない。つまり、「さがせ、さらば見出されるであろう」という形式で、人間が切実に探索（クエスト）したとき、その探索の呼びかけとの相関で神が見出され、実在するのである。いずれにせよ、繰り返せば、ヴェネチアの路地にいた老人トゥバールは、神である。

地球儀の一点を指示したとき、シリルは、神とともに、創造行為（の一部）を担う。シリルはこのとき、神である老人に助けられて、月長石宮殿を、しかるべき場所に創造したのだ。これは神による原初の宇宙創造（の反復）である。それゆえ、これによって、宮殿はつねにすでにそこにあった、という様相を帯びて実在し始める。言い換えれば、この老人＝神との出会いの後、シリルの冒険は、あるかないか未定のもののやみくもの捜索ではなく、「ずっとそこにあった」ということになるだろうところのものの、（フランス語）前未来型で表現される様態で実在しているものの探索＝探究（クエスト）になる。

この寓話の意味を理解するためには、次のようなことを思えばよい。たとえば、陸上競技や競泳の世界で、長年破られることがなかった記録を誰かが破ると、突然、その後、多くのアスリートがそれに匹敵する記録を次々と出す、ということがある。多くのアスリートが、短期間に同じような大記録を出しうるのだとすれば、なぜ、それまで何年もの間、誰もそれをなしえなかったのか。何ごとか大きなことをなしうるためには、それが「すでになしえた」という事実が現前することが、決定的に重要だからである。あるいはマンハッタン計画において、最大の機密事項は、どのようにして原爆を製造するかではなく、まさに「原爆が製造された」という端的な事実であった。その事実を敵が知れば、製造法など漏洩しなくても、その敵も原爆を造ることができてしまうからだ。

これらの諸例は次のことを示唆している。決定的な出来事（大記録の樹立、原爆の完成）の事後から過去を振り返ったとき、過去の様相が、論理的な意味での様相がまったく異なったものへと変貌するということを、である。それまで空虚な可能性でしかなかったこと（ほんとうにそんな記録を出せるのだろうか、ほんとうにそんな爆弾を造ることができるか、という疑念の方が大きい状態）が、突如として、切迫した可能性、今にも現実化されえた可能性としてたち現れることになるのだ。まだなお納得できないのであれば、3・11の原発事故の直後のことを思い起こすとよい。あの事故より前は、深刻な原発事故は、「論理的にはありうるかもしれないが、実際には起こりそうもないこと」と見なされていた。しかし、3・11の後から振り返れば、実は、事故はずっと、いつ起きてもふしぎではない鬼気迫る可能性として、われわれのすぐ脇に臨在していたことに気づくのである。

さて、ここまでは、実際に生起した出来事（大記録の樹立、原爆製造、原発事故）が過去の様相を変えると述べた。そうだとすれば、さらに、次のように考え進めることはできないだろうか。未だ現実には生起していない未来の出来事が「すでに起きたこと」としてたち現われれば、その未来にとっての「過去」であるこの現在の様相が変化するはずだ。このとき、到達できるかどうか不確かなことが、必ずや到達できる確実でアクチュアルな可能性へと転化するのではないか。そして、現に、そこに到達できるのではないか。

だが、そんな魔術のようなことができるのか。できるのだ。神の視点を媒介にすれば、である。神の視点に対してすでに見出されたこと、すでに起きたこととしてたち現われているとすれば、つまり神が前未来（未来完了）の形式で事後から見ていたとすれば、まさに「そのこと」、つまり神が見ていたことになるであろうことは、到達できること、実現しうることになる。エンデのこの寓話に出てくる「さがせ、さらば……」という命題の「さがせ」は、このような意味で解すべきであろう。「さがせ」とは、神が見ていたはずのものとして想定せよ、という意味だと。もちろん、先にも述べたように、神自体もまた、「さがせ、さらば……」の形式で見出されなくてはならないわけだが。

ここで、ジル・ドゥルーズの「純粋過去」という概念を導入してもよい。普通は、出来事はまず現在であり、そのあとに過去になると考えられているが、ドゥルーズによれば、現在の出来事はそのときすでに過去である。確かに、前未来型で現在を遡及的に見返す神の視点を前提にすれば、現在は純粋過去に属している。

「遠い旅路の目的地」は、未来の目的地を純粋過去に属しているものとしてさがすことができるならば、それを見出すことができる、と示唆しているのである。もっとも、その「目的地」に到達したシリルが幸せかどうかはよくわからない。彼は、旅するものの本源的な自由をそのとき失っているからである。

あとがき

私の〈ほんとうの先生〉、私にとって〈先生の中の先生〉は、見田宗介（真木悠介）先生である。本書を、〈私の先生〉というコンセプトでまとめることができると思ったのも、見田先生との長い交流があったからである。つまり〈私の先生〉という概念が、自身の経験の中に受肉しているという実感があったからである。

私が、見田先生の講義や著書、そして先生のゼミでの指導、先生との個人的な会話を通じて学び、心底から納得したことは、生きることと学問することとは一つのことになりうる、ということである。人が生きているときに不可避にぶつかるさまざまな悩みや苦しみと対決すること。学問を通じて真理を探究すること。両者は、究極のところで交わる。

ただし、そうなるにはある条件を満たさなくてはならない。個人の実存的な難問と学問の一般的な問題とは、一見、互いにまったく反対の方角を向いている。しかし、妥協を許さず、どちらをも十分に深く問い続け、探究の歩みをどこまでも止めなければ、そしてそのときに限り、両者が結びつく通路が現れる。見田先生の社会学は、このことを教えてくれる。何のために生きるのか、生にそもそも意味があるのかという問いは、人類社会の可能な構造をすべて視野に入れた『時間の比較社会学』と結びつき、私（たち）の利益や欲望を優先させるエゴイズムは、人間にとって宿痾のような克服できない条件なのかという問いは、動物社会をも考慮に入れた『自我の起原』をもたらした。

　見田先生は、大学を退職された後、亡くなるまでずっと「樹の塾」という私塾を主宰されていた。晩年、先生の視力はかなり衰えたのだが、「樹の塾」だけは熱心に続けられていたということを、先生が亡くなられた後に私は知った。ところで、この「樹の塾」というふしぎな名前だが、このイメージは、宮沢賢治の「学者アラムハラドの見た着物」という作品、推敲に推敲を重ねながらついに完成しなかった作品に由来している。

　学者アラムハラドは、街はずれの柳の林の中の塾で、子どもたちに教えている。ある日、彼は、子どもたちに「人が何としてもさうしないでゐられないことは一体どういふ事だらう」と質問した。ある子は、歩いたり物を言ったりすることだと答え、別の子は、人は「いゝこと」をしないではいられないと答える。最後にアラムハラドは、特別に目をかけているセララバアドという子どもを指名した。この子が何か答えるときにはアラムハラドは、「どこか非常に遠くの方の凍ったやうに寂かな蒼黒い空を感ずる」。セララバアドはこう答える。「人はほんたうのいゝことが何だかを考へないでゐられないと思ひます」。

　セララバアドの答え自体が、ひとつの〈問い〉の形式になっている。これこそ、先生の存在が、生徒において〈問い〉を誘発した瞬間である。しかもその〈問い〉は、実存的な生き方についての問いと学問的な問いとが収束する一点へとまっすぐに向かっている。

　私は、見田先生にとってのセラバアドでありたい。どんなに力不足でも、私は、セラバアドであろうとする夢を放棄しない。

*

　本書に収録した一六本の論考を、一書にまとめることができるのではないか、と提案してきたのは、青土社編集部の足立朋也さんである。見田先生が亡くなられた後に追悼の意味を込めて書いた二本の論考に、さまざまなところで書いてきた他の一四個の文章を加え、これらの間には通底するものがあるので、ひとつの本にまとめるのがよい。これが足立さんの考えであった。

　もともと一冊にしようとして書いてきたわけではないこれらの私の文章を、さまざまなところから見つけ出し、選択し、配列したのは、足立さんであって、実は私ではない。本来は意図していたわけではないのに、こうして選択し、適切に並べると、確かに、一つずつ切り離していたのでは気づかない概念が見えてくる。それが、〈先生〉であり、〈問い〉である。

　本書がまさにひとつの書物として成就したのは、足立さんのおかげである。私も、少なくとも見田先生の追悼に直接関係していた文章だけは、先生が亡くなられてからあまりときをおかずに本の中に収録したいと思っていた。足立さんの炯眼のおかげで、それらの文章に非常によい文脈が与えられた。足立さんに心よりのお礼を申し上げたい。

大澤真幸

二〇二三年一〇月一五日

初出一覧

＊書籍化に当たり本文には加筆修正を行っています。

先生と私　『群像』二〇二二年八月号

翼をもち、そして根をもつこと　『思想』二〇二二年七月号

リゾームではなくオリヅルラン　『現代思想』二〇二二年一二月臨時増刊号

理不尽な生成の場　『磯崎新建築論集』第3巻、岩波書店、二〇一三年、月報3

積極的中立の提案　『一冊の本』二〇二〇年一月号

「関係の絶対性」に殉じた思想　『現代思想』二〇一二年七月臨時増刊号

いかにして〈路地〉を普遍化するのか　『中上健次集十』解説、インスクリプト、二〇一七年

法然、親鸞、そして聖霊へ　『現代思想』二〇一八年一〇月臨時増刊号

理性の狡智　『現代思想』二〇二〇年一月臨時増刊号

ドストエフスキーの二つにして一つのテーマ　『現代思想』二〇二一年一二月臨時増刊号

文化の換喩的翻訳者　『思想』二〇一六年八月号

日本人はあの「革命」の敗者に共感している　『現代思想』二〇一八年六月臨時増刊号

社会学史上最も美しい理論　『現代思想』二〇一七年三月臨時増刊号

一般意志は全体意志にあらず　『文學界』二〇一八年四月号

〈今の時〉に充たされた時間　『群像』二〇二〇年一〇月号

さがせ、さらば見出すであろう　『ユリイカ』二〇一五年一二月号

大澤真幸（おおさわ・まさち）

1958年、長野県松本市生まれ。社会学者。東京大学文学部卒業。同大学院社会学研究科博士課程単位取得満期退学。社会学博士。千葉大学文学部助教授、京都大学大学院人間・環境学研究科教授を歴任。1988年、『行為の代数学』（青土社）において独自のシステム論を展開し、社会学界に大きな影響を与える。その後も数々の著作を発表、2007年に『ナショナリズムの由来』（講談社）で第61回毎日出版文化賞を受賞、2015年に『自由という牢獄――責任・公共性・資本主義』（岩波書店）で第3回河合隼雄学芸賞を受賞。2010年より個人思想誌『THINKING「O」』を主宰。文芸誌『群像』誌上で「〈世界史〉の哲学」を連載中。

私の先生（わたしのせんせい）――出会い（であい）から問い（とい）が生（う）まれる

2023年11月15日　第1刷印刷
2023年11月25日　第1刷発行

著　者　大澤真幸（おおさわまさち）

発行者　清水一人
発行所　青土社
〒101-0051　東京都千代田区神田神保町1-29　市瀬ビル
電話　03-3291-9831（編集部）　03-3294-7829（営業部）
振替　00190-7-192955

印　刷　双文社印刷
製　本　双文社印刷

装　幀　堤 岳彦

ISBN978-4-7917-7598-9